差不多開始投資了

明明想開始,遲遲沒行動?
28年資歷的股市達人,
打破你「不懂」、「怕虧」、「沒時間」心魔,
掌握便宜價,從食衣住行找飆股。

そろそろ投資をはじめたい。

渡部清二——著
李友君——譯

複眼經濟塾代表董事兼塾長
連續28年,讀超過111本《四季報》

Contents

推薦序一
平凡的日常,是投資的藏寶圖／Angela　5

推薦序二
你不是不懂投資,而是還沒開始／A大（ameryu）　9

前　　言
想開始,卻遲遲無法行動？　13

第一章　別再說等我存夠錢　21

1 日常生活都離不開投資　23
2 薪水很難漲,加薪得靠自己　29
3 飆漲 28 萬倍的個股　45
4 要存多少錢才可以進場？　51
5 我把 2,000 頁《四季報》當小說讀　53

第二章　我不懂股票,該買哪一檔？　59

1 商品價格調漲,照樣吸引人潮　61
2 「獨占＋成長」企業,必漲　65

3 先進國家的日常、新興國家的未來　69
4 衣、食、住、行，都藏有飆股　73
5 想像這家公司 5 年後的模樣　75
6 尋找金牛：是否有穩定現金收入　79
7 股價難漲的產業，別挑戰　83

第三章　股價為何漲跌？我不想虧錢　85

1 股票價格是誰決定的？　87
2 企業上市的優點和缺點　93
3 了解股市和股價指數　97
4 出現利空先別脫手，看營業利益　103
5 營收下滑，獲利卻上升的股票　115
6 速讀資產負債表　123

第四章　進場基本功，下單前必讀　133

1 5 種必漲潛力股　135
2 分散投資要多「散」？　143

3 長期買進要多「長」? 　　　　　　145
4 破解《四季報》,年年找到飆股 　　151

第五章 沒時間研究?選股有訣竅　159

1 選股流程 8 步驟　　　　　　　　161
2 從《四季報》看出企業強項　　　　163
3 成為價值股的三大標準　　　　　　173
4 從現金流判斷經營狀態　　　　　　179
5 知名度 ≠ 企業規模　　　　　　　　185
6 有無成長性,看兩數字就夠　　　　189
7 發股息是短利,不發股息可能是長贏　195
8 K 線圖:掌握股價的動態　　　　　199
9 便宜價還是昂貴價,怎麼算?　　　207

結　語
讀到這裡,你該開始投資了　　　　　215

推薦序一
平凡的日常,是投資的藏寶圖

「小資女升職記」部落格版主／Angela

你是否也常望著薪資單,心裡想:「是不是該學投資了?」卻總是被「好難、怕虧錢、沒時間」這些念頭勸退?然而,當你發現物價悄悄上漲,且朋友、同事之間的話題也逐漸轉向理財時,不自覺湧現「再不跟上就要落後了」的焦慮感,真的讓人難以忽視。

如果這正說中了你的心聲,那麼請務必翻開這本溫柔又強大的書。

作者深知股票新手的恐懼與猶豫,因此他不會用艱澀的術語把你嚇跑,而是透過一個個貼近生活的比喻,讓人瞬間放下戒心。例如,書中提到「選股其實就像逛超市比價」──原來,我們平常判斷商品價值的習慣,

差不多開始投資了

　　正是投資所需的關鍵能力。

　　我覺得本書最棒的地方，是它能徹底改變讀者的思考模式，讓人擺脫只追求便宜的「通縮腦」，切換成看得見成長機會的「投資腦」。

　　很多上班族總是把心力放在節流上，每天花大量時間，在各種社群媒體與通路間比價，試著從這些小確幸裡，營造出「自己正在理財」的感覺。但真要踏入股票市場時，卻又不知從何著手。

　　而作者帶我們看見，漲價後依然人山人海的迪士尼樂園，背後蘊藏著驚人的賺錢潛力；也從過去的越南街道上，騎機車但沒人戴安全帽的情況，聯想到一家安全帽大廠的未來商機。讀完後我發現，平凡的日常風景，都成了挖掘投資寶藏的地圖。

　　更重要的是，本書徹底打破了「進場門檻很高」的迷思。作者告訴我們，其實你只需要一筆「就算賠光也不心疼」的小額資金——大約就是一趟國內旅行的預算，就可以開始參與股市。而且，你不須整天盯盤，只要跟著企業財報的節奏走，一年檢視四次就夠了。

　　這本書是寫給每一個想開始，卻又遲遲跨不出第一步的讀者。它不只是一本理財書，更像是一封溫柔的邀

推薦序一　平凡的日常，是投資的藏寶圖

請信，告訴我們：投資並不可怕，它能讓你的世界變得更有趣、更開闊。如果你一直在等「對的時機」，那麼本書就是最好的起點。現在，請對自己說一句：「差不多開始投資了！」

推薦序二
你不是不懂投資，
而是還沒開始

《A大的理財金律》作者／A大（ameryu）

　　本書特別之處，在於作者花了很多心力替股票新手做心理建設。他提醒我們，出現虧損時，不能光看數字。
　　如果你過度在意「賺錢」，也就是單純的追求買低賣高，一旦股價下跌，就容易覺得自己「失敗了、虧錢了」；但如果換個角度思考：買股票是為了支持你認同的企業，即便股價短期表現不佳，只要相信這家公司有未來，並願意長期持有，那就不是失敗，而是參與成長。
　　換句話說，參與股市的另一種思維，是將手上的錢轉化為一家公司的股份，等同於把資金借給它。而你的回報來自於公司的經營績效，這最終將反映在股價上，

讓你的資產也隨之增值。

美國投資家華倫・巴菲特（Warren Buffett）以閱讀財報、發掘被低估的股票聞名，本書作者則是閱讀《四季報》的高手。他們做的事都一樣，就是從財報中挖掘值得投資的公司。

另外，作者也指出，敢漲價、不怕流失客戶的企業，往往值得投資。一般來說，企業不太會輕易調漲價格，因為消費者普遍有「哪裡便宜往哪裡去」的心態，習慣貨比三家。但企業若具有市場獨占地位，即使商品漲價，消費者仍願意買單，這也意味著其股價未來具成長潛力。

在書中，作者也點出理財小白會遇到的心理障礙，以及多數人遲遲無法開始行動的原因。

「薪水不漲，就靠投資加薪」，這是多數上班族必須面對的現實課題。聽起來簡單，然而內心總會冒出各種聲音：「我不太懂、看起來很難、覺得很麻煩，平時沒有額外的時間研究。」此外，最關鍵的是：「我不想虧錢。」但只要你願意開始，跟著本書慢慢理解與嘗試，就能累積屬於自己的選股信心與方法。

投資，有助於你在邁向退休的路上，找到彎道超車的機會，甚至能幫你提前實現財務自由。但要走這條路，

推薦序二 你不是不懂投資，而是還沒開始

需要足夠的基礎知識作為後盾，而本書正是實用的入門指南。還有，作者提到，只要存到一筆國旅的預算，就能踏出投資理財的第一步。

人生不會因為短期的虧損就完蛋，你可以邊看邊學，**重點是「開始行動」**，然後沿著這條路，找到你喜歡且適合自己的投資方式。

前言
想開始，卻遲遲無法行動？

渡部先生，我最近想開始嘗試投資股票。

直到不久之前，我一直覺得這件事離自己很遙遠，心想：「這應該跟我八竿子打不著吧？」但最近，經常聽到相關的話題；再加上明明薪水沒什麼上漲，物價卻一路飆升；此外，我也發現公司同事或求學時期的朋友都在研究股票，讓我覺得自己似乎也應該嘗試。

不過，老實說**我不太懂，也覺得有點可怕，最重要的是不想虧錢**。而且因為我是上班族，**所以平時沒那麼多時間可以運用**……渡部先生，你可以教我超級簡單且讓人安心的投資方法嗎？

你好，我是「複眼經濟塾」這所投資暨經濟學院的塾長，名叫渡部清二。你在前面讀到的文字，是 2024 年時，本書的責任編輯向我諮詢的內容。

的確，這幾年來對理財感興趣的人越來越多。就連

在複眼經濟塾，初學者的人數也持續增加，5年內暴增了10倍。5年前，學員中有投資經驗的人占了八成；如今，零經驗與剛起步的新手合計已超過半數。

然而，許多人仍沒辦法踏出第一步。人們常說：「金錢的重要性僅次於生命。」正因如此，我也能理解面對股市時遲疑不前的心情。

我後來詢問這位編輯：「**你明明想開始，為什麼遲遲無法行動？**」

他表示理由有三點：「第一，投資常給人一種**看起來很難**的印象。我看過好幾本相關的入門書，但總覺得內容很複雜，不太容易懂；第二，因為**不想虧錢**而猶豫不決。目前的收入和存款僅能勉強應付日常開銷，一想到萬一賠光了錢，就感到不安；第三點說來很難為情，就是**覺得好麻煩**。平常工作已經很忙，不想另外花太多時間學習。這樣的我也可以開始嗎？」

原來如此，我完全能明白這樣的心情。我的學員當中，也有不少人抱持著同樣的擔憂。不過，對於「看起來很難」、「不想虧錢」以及「覺得好麻煩」這三個理由，沒必要那麼擔心。

前言　想開始，卻遲遲無法行動？

成功的門檻意外很低

在此，我想向你提出一個問題。

以下這三個數字，分別代表上市公司當中股價翻漲10倍、職業高爾夫選手打出一桿進洞，以及日本的年末JUMBO彩券中頭獎的機率。請問你認為這三個數字，分別對應哪一個情況？

・0.03333333333％。
・0.000005％。
・2％。

你想好答案了嗎？正解如下：

・0.03333333333％→職業高爾夫選手打出一桿進洞的機率。
・0.000005％→年末JUMBO彩券中頭獎的機率。
・2％→上市公司當中股價翻漲10倍的機率。

是不是很意外？與中頭彩或一桿進洞相比，其實找出會翻漲10倍的股票要簡單得多，而且比中年末彩券頭

獎簡單 40 萬倍。如果是找出股價翻漲 2 至 3 倍的股票，就更加容易了。

順帶一提，**股價漲 10 倍的股票被稱為「10 倍股」（ten bagger）**，可不是「10 個漢堡」（ten burgers），這聽起來像是什麼美味大餐。「bagger」在棒球術語中是「上壘安打」的意思，像是二壘安打、三壘安打的安打，形容股價以創下十壘安打紀錄的氣勢飆漲。

建立機制，不讓虧損變成無底洞

關於遲遲無法開始投資的理由，我也經常聽到有人說是因為「不想賠錢」。請放心，因為在股市中，資產全部歸零的情況極為罕見。當然，投資免不了風險，會強調沒有風險的，統統都是詐騙。

此外，世上存在像是外匯交易（Foreign Exchange，買賣不同國家的貨幣來賺取匯率差價）、虛擬貨幣等，可在短時間內賺進巨額財富的方法。電視或網路媒體上，也頻頻報導以這類方法賺大錢的人。電視節目為了提高收視率、網路媒體為了增加流量，往往會大肆分享好懂又吸引人的案例。不過，雖然這種方式可望獲得驚人的報酬，但由於價格波動劇烈，資產在一瞬間歸零的情況

前言 想開始,卻遲遲無法行動?

也不少見。

相較之下,股票投資則能大幅降低風險。在股市中,**「分散投資」是一種廣為人知的策略,這是指將資金配置到多家不同公司的股票**。假設分散布局到 20 檔股票上,哪怕一家企業破產、股價歸零,整體來看也只損失了 5%。

先撇開這些理論不談,簡單思考一下:投資股票與否,差別只是放錢的位置不同而已。

假如你在公司上班,那麼薪水通常會匯進銀行帳戶。而把錢存在銀行帳戶裡,隨時都能從銀行櫃檯或提款機領出現金,非常方便。然而,現今日本的存款利率幾乎為零,如果錢只存在銀行裡,基本上不會增值(按:以 2025 年 8 月的臺灣銀行為例,活期存款年利率為 0.705%,相較於其他投資工具,仍屬偏低水準)。

另一方面,將部分資金用於投資股票,會發生什麼事?第一個好處是如果購買的股票價格上漲,就能得到相應的獲利;此外,若利用日本的少額投資免稅制度(Nippon Individual Savings Account,簡稱 NISA),總投資金額在 1,800 萬日圓(按:依 2025 年 8 月初匯率計算,1 日圓約等於新臺幣 0.2 元)以內,交易所得享有免

差不多開始投資了

納所得稅優惠。

　　換句話說，錢只放在銀行帳戶裡不會增值，但透過投資，則有機會讓資產成長（按：在臺灣，個人投資人透過買賣上市或上櫃股票賺取價差〔資本利得〕，目前免繳所得稅，但須繳納證券交易稅及支付手續費）。

一年只須看盤四次

　　前面提到，難以下定決心投資的第三個理由是「覺得麻煩」。

　　每個人開始嘗試新事物時，或多或少會覺得辛苦。關於股票，社會上充斥著各式各樣的資訊，在查詢過程中你或許會覺得：「果然很複雜，還是以後再說吧？」再加上現代人每天忙得不可開交，想必很難蒐集資訊、持續查看股市的動向。

　　但對於這點用不著擔心，現在開設相關帳戶非常簡單，花幾分鐘就能在線上搞定；另外，你也**不須每天看盤，只要每三個月檢查一次**，也就是一年四次就足夠了。為了不錯過三個月一次的檢查時機，本書也會教你具體的方法，請放心。

　　投資股票好像很難──真的是如此嗎？令人意外的

前言 想開始,卻遲遲無法行動?

是,關於投資人平常在想什麼、以什麼眼光看待這個世界,往往很單純。在前言的最後,我想和你分享他們眼中的風景。

一般人看到越南街頭車水馬龍的照片時,腦中通常會浮現「人好多」、「大家都騎著機車」、「應該是早上通勤的尖峰時刻」等想法。

但換作是我,就會注意到這點:「照片中幾乎沒有人戴安全帽,這或許反映出當時在越南,尚未全面實施強制戴安全帽的法規。但未來隨著法規完善與安全意識提升,**如果日本廠商在對的時機進軍市場,安全帽銷量可能會一口氣增加**(按:越南自2007年底起,全面強制騎乘機車者須佩戴安全帽)。」

實際上,日本的安全帽品牌SHOEI在全球高階安全帽市場中,有約60%的市占率。雖然主要市場在歐洲,不過隨著亞洲經濟的發展,未來它的股價也有可能持續上漲。

除此之外,一般人看到日本東京迪士尼樂園的照片時,通常會想到:「不愧是迪士尼,人好多。」、「這麼擁擠就不想去了。」、「沒有一天是空的嗎?」

而我會這麼想:「**東京迪士尼樂園已經多次調漲票**

價，與十幾年前我帶孩子去的時候相比，應該貴了幾千日圓。**但儘管如此，仍然還是有許多遊客**，可見經營迪士尼的企業東方樂園（Oriental Land），其未來股價仍有成長空間。」

事實也是如此。雖然東京迪士尼樂園的票價不斷調漲，客人卻沒有減少，而東方樂園 2024 年度合併財務報表（簡稱財報）指出，稅後淨利（按：企業在扣除所有成本、費用、業外收支和所得稅後，實際賺到的錢）為 1,202 億日圓，較前一年度成長 48.9%，創下歷史新高。

就像這樣，即使大家看到同樣的事物，但稍微換個視角，世上的一切都有可能變成金錢的智慧素材。

我希望能以淺顯易懂的方式，向初學者介紹從今天起就能掌握的投資思維。因此，我用比以往寫作更口語、更貼近日常對話的方式來撰寫這本書。期盼有更多人踏進這個世界，品味其中的樂趣。

第一章

別再說
等我存夠錢

第一章　別再說等我存夠錢

1 日常生活都離不開投資

你可以說明「投資」是什麼嗎？我的答案會在後文提到。你的腦中浮現了什麼答案？我先提供一個常見的定義，以供參考：投資是指基於對未來回報的期待，而投入金錢的行為。

這個定義把「回報」和「金錢」劃上等號，乍看之下沒錯，卻容易產生誤解。為什麼我會這麼說？因為多數人一聽到「回報」，便容易聯想到「賺錢」，認為投資是為了獲利而投入金錢的行為。

讓我們從別的角度思考一下。其實，日常生活中有許多期待某種回報，而投入金錢的行為，但回報則不一定是金錢。

舉例來說，請回想你在父母身邊成長的日子。他們曾在各種場合，為了你投入金錢——無論是生活中不可或缺的衣、食、住、行，或孩子教育與報名各類才藝班，所有支出都由父母或監護人負擔。

那麼，讓我們再回到前面提到的定義，並重新思考。

父母在你身上投入金錢，是為了從你身上獲得金錢上的報酬嗎？通常並非如此。他們更希望的，是你能健康成長、擁有屬於自己的人生（至少我身為父親，會對孩子有這樣的期待）。

我再舉一個例子：你是否曾「犒賞自己」？比如努力工作後，在週末安排一場溫泉旅行；或購買心儀已久的名牌包、手錶等稍微昂貴的物品。相信許多人都有這樣的經驗。犒賞自己也是為了回報而投入金錢的行為，亦即投資。這種情況之下的回報，可能是消除壓力或提升工作動力。

還有，報考國家考試，並為此上補習班、購買題庫，以考取證照或找到更好的工作。這樣的行為本質上也是投資。

只要像這樣思考，就會發現投資無所不在。我根據這類情況如此定義：投資，就是為了未來的自己花錢。

這個定義當中，回報並非是獲利或金錢，而是「未來」。不論是父母為了孩子付出、自己犒賞自己，或為了準備國家考試而投入學費，本質上都是將當下的資源，轉化為美好未來的投資。

從這個角度來看，**日常生活其實都離不開投資**。而

第一章 別再說等我存夠錢

且不只是個人，國家通常也會對未來投資。以基礎設施為例，這也是前人為了未來的國民所做的長遠投入。

例如，日本的國土面積比俄羅斯小 44 倍，鐵路運輸量卻是俄羅斯的 3 倍。現在，在日本搭電車通勤或返鄉已是稀鬆平常的事，想出遠門時也能隨時成行。但這些看似理所當然的便利，都是先人長期投入帶來的成果。

我的前同事、來自土耳其的經濟學家艾敏·尤爾馬茲（Emin Yurumazu）曾說過一句話，令我印象深刻：「出生在日本，就像是出生在黃金上，應該對此心懷感謝。」每當想起這句話，我就深刻感受到，日本之所以有今日的發展，是建立在先人用心經營的基礎上。

超市賣的高麗菜，是貴還是便宜？

為了讓你更了解相關概念，我想再舉一個例子。我經常主張：「擅長購物、買東西的人，也就擅長投資。」在此提到的「買東西」，指的是像在超市購買生活用品、食材等日常採買過程。原本購物就是謀生所需的行為，是為了未來的生計而投入金錢。

而購物這件事，也有「買得好」與「買得不好」的區別。擅長購物的人，能迅速判斷價格是否合理、產地

是否安心、商品是否新鮮，並做出恰當的選擇；而不擅長購物的人正好相反。

換句話說，擅長購物的人具備辨別價值的眼光。

例如某天，超市的高麗菜售價是一顆 100 日圓。擅長購物的人光看數字，就能立刻判斷當天的高麗菜是貴還是便宜。不只是高麗菜，許多商品的標價也經常變動。

這種狀況**類似於在股市裡，觀察每檔股票（就像每項商品）的股價**。如同投資人會觀察股價的變化以判斷其價值，擅長購物的人也會注意定價。

不僅如此，有些人購物前會先看傳單，了解當日優惠或進行比價，這與選股前先研究的行為很相似。

日本的《公司四季報》（簡稱《四季報》。按：彙整與分析上市公司財務與營運資訊的出版品，協助投資人評估企業基本面。臺灣《四季報》包含上櫃公司資訊）2024 年秋季號上，刊登的上市企業有 3,926 家，不過，「擅長購物」的人平時接觸的商品數量，甚至還超過這個數字（按：根據金融監督管理委員會證券期貨局的統計，臺灣 2024 年的上市公司有 1,018 家、上櫃公司有 825 家）。

換句話說，日常購物的經驗會幫你培養理財眼光。

第一章 別再說等我存夠錢

每天面對琳瑯滿目的商品、反覆判斷其優劣,正是選股時不可或缺的能力。日常生活中練習「看懂好壞」的經驗,有助於你觀察股價的變動、找出具價值的標的。

不必把參與股市視為特別且可怕的事。其實,每個人在生活中都經歷過各種投資。

2 薪水很難漲,加薪得靠自己

本書於 2024 年在日本出版時,正是這個國家掀起參與股市熱潮的時刻。這股趨勢並非自然形成,而是政府主導的國家政策。對日本人來說,2024 年是開始進行股票配置的絕佳時機,主要有以下三個理由:

1. NISA 新制上路

日本政府提出,2024 年是「資產所得倍增計畫元年」,計畫在五年內,將 NISA 帳戶從 2022 年 6 月底的 1,700 萬戶增加至 3,400 萬戶,並將投資金額從 28 兆日圓提升至 56 兆日圓。

截至 2023 年 12 月底,NISA 帳戶數量已達 2,136 萬戶,較 2022 年底成長了 19%。

開立 NISA 帳戶後,只要投資金額在一定限度內,所獲得的收益可免納所得稅。NISA 新制是自 2024 年起實施的新制度,特色在於擴大免稅投資額度,並將過去分開的免稅期限整併為單一制度(按:在新制實施前,

NISA 分為三種帳戶，各自有不同的免稅期限），讓投資人能更靈活運用資金。

為何日本政府要大力推動 NISA 制度？理由有兩點：

- 促使民間資金流向市場。
- **由於企業難以大幅調薪，希望國民能夠藉此提升收入。**

換句話說，目的是讓國民的資產增加。許多日本人被認為「上了年紀、直到去世時，是一生中最有錢的時候」。這是因為許多人對退休後的生活感到不安，或擔心突發狀況發生，所以一味的存錢。

日本民間的金融資產總額約為 2,200 兆日圓，其中 50.9％ 是存款，也就是以現金的形式存在（見右頁圖表 1-1）。相比之下，日本政府 2024 年度的預算約為 112 兆 5,717 億日圓。從這個落差就能發現，龐大的個人資金長期處於靜止狀態，未進入市場運用。

在經濟學中，金錢常被比喻為「經濟的血液」。就像人體一樣，如果血液停止流動或循環不良，不僅會損害健康，甚至可能危及生命。金錢也是如此，唯有流通

到社會的每個角落,整體經濟才得以健康運作。

讓我們想像一下,金錢流通順暢的社會是什麼樣子。

假設 A 先生在 B 先生的店裡花了 1 萬日圓。因為社會上的資金流動快速,所以 B 先生也很快的使用了這筆錢,例如馬上在 C 先生的店裡消費。

由於這樣的金流非常順暢,這筆 1 萬日圓在多次流通後,很可能又回到 A 先生手中,讓他再次使用。也就是說,金錢有機會在社會裡不斷循環。

然而,若金錢的流動變得遲緩,A 先生的 1 萬日圓

圖表 1-1　日本個人持有的金融資產

金融資產（兆日圓）	金額	百分比
現金、存款	1,118	50.9%
保險、年金與定型擔保制度	541	24.6%
股票	313	14.2%
投資信託	119	5.4%
其他	108	4.9%
總計	2,199	100%

根據日本銀行 2024 年 1 至 3 月的「資金循環統計」資料製作。日本個人持有的金融資產總額已達 2,199 兆日圓,創下歷史新高。
資料來源:複眼經濟塾。

便遲遲無法以收入的形式回到他手上。隨著人們對消費越來越保守，整個社會也會陷入經濟冷卻的狀態。

現實的情況又是如何？可惜的是在現今社會，金錢流通其實並不順暢。

你是否曾在看到「大盤（市場整體的行情變化）指數創下歷史新高」等新聞時，心中產生疑問：「為什麼感受不到景氣變好，股價卻不斷上漲？」又或者，你是否曾感受到「薪水沒什麼漲，但物價不停上升，生活越來越吃力」？

其實，這兩個疑問的答案都相同——資金沒有真正流動起來。

在日本，現今大盤指數不斷攀升，但多數民眾感受不到景氣好轉，根本原因在於是否參與市場。換句話說，**願意投資股票的人通常較積極使用資金；未參與的人，則容易對於花錢抱持猶豫的態度。**

我平常喜歡到平價居酒屋或小吃店小酌，不過因為工作的關係，有時也會到高級餐廳參加商務宴會。這類高級餐廳的每人套餐往往是 10 萬日圓起跳，且經常由一位貴賓一次豪氣買單。驚人的是，這些店大都「一位難求」，連半年後的訂位也早已被預約一空。

另一方面，我喜歡的平價居酒屋或小吃店，客人則是寥寥無幾（雖然最近外國觀光客增加了）。更令人憂心的是，這些店裡的基層員工，實質薪資已連續兩年呈現負成長。這是**由於薪資漲幅追不上物價上漲的速度，導致可支配所得縮水**。這正是當前日本社會正在面臨的處境（見下頁圖表 1-2。按：根據行政院主計總處統計，臺灣 2022 年、2023 年實質經常性薪資為負成長，2024 年轉為正成長）。

再者，日本個人金融資產的分布極為不均，60 歲以上族群所持有的資產占整體六成。可是，這個年齡層的支出相對固定，與育兒、購屋等重大支出無緣。

這些資金一旦處於停滯狀態，就難以自然流動。為了打破這種僵局，日本政府透過稅制誘因，促使原本靜止的資金重新流入市場，進而活絡整體經濟──NISA 正是在這樣的背景下應運而生。

日本約有 2,200 兆日圓的個人金融資產處於停滯狀態。若其中有 1% 被活用，就能釋出 20 兆日圓，3% 則是 60 兆日圓、5% 是 100 兆日圓。假如這些資金流入市場，將**有助於企業營運成長，帶動員工薪資上漲，進一步促使消費增加，就會形成良性的經濟循環**。

圖表 1-2　日本實質薪資指數及其年增率
（員工 5 人以上企業，全產業合計）

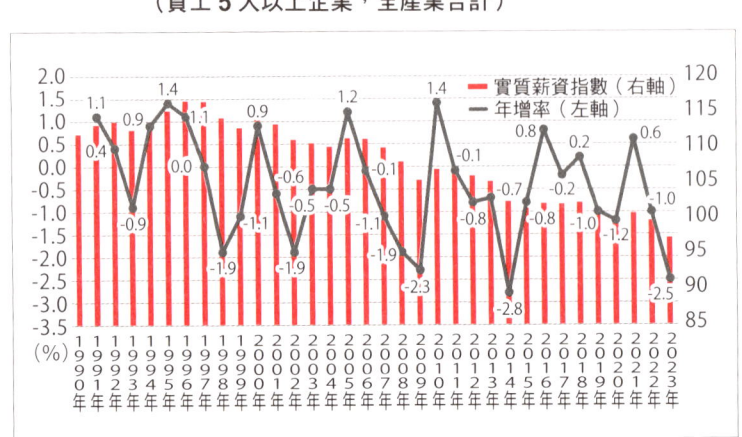

自 1998 年通貨緊縮以來，實質薪資持續下滑，人力投資幾乎停滯。
資料來源：複眼經濟塾。

2. 從通貨緊縮走向通貨膨脹

日本長年處於通貨緊縮（也就是物價下跌）的環境中，但近來逐步邁入通貨膨脹（物價上升）的階段。隨著企業的生產成本（即營運費用）與薪資水準上升，民生物價也同步攀升，使得整體經濟正面臨全面性的價格上漲浪潮。

在前言也有提到，編輯表示「物價一路飆升」。例如，過去在便利商店只要花 100 日圓就能買到的飯糰，

第一章 別再說等我存夠錢

如今價格已漲到約 130 日圓；甚至在 2024 年 5 月,有多家廠商將橄欖油價格調漲超過五成(見下頁圖表 1-3)。

物價上漲,正是通貨緊縮的相反現象——通貨膨脹導致的結果。那麼,通貨膨脹為何會發生?主要有兩個原因:

・供給方(賣方)縮減:在自由市場中,價格取決於供需強弱。供給面緊縮的案例,最具代表性的就是第二次世界大戰(簡稱二戰)後的通貨膨脹。二戰期間,日本大量的生產設施遭破壞,加上戰後從中國等地歸國的士兵與居民劇增。也就是說,物資需求上升,卻因供應能力不足,造成供不應求,引發通貨膨脹。

・需求方(買方)過強:當市場需求過旺,就可能引發通貨膨脹,其中最具代表性的是「泡沫經濟」。如日本 1986 至 1989 年不動產熱潮,當時景氣蓬勃,許多人搶購土地與建物。即便價格節節攀升,仍吸引買家進場,導致地價與房價快速上漲。後來隨著泡沫破裂,不動產價格崩跌,無數民眾與企業因此蒙受巨額損失。

那麼,日本目前經歷的通貨膨脹屬於哪一種?答案

是更接近二戰後，由供給面縮減引發的類型。

你知道什麼是「看板管理」嗎？這是由豐田汽車（簡稱豐田）開發的生產管理手法，其核心理念是「只在需要的時候製造必要的東西，且僅生產所需的數量」。相較於傳統「大量囤貨」的生產模式，這種方式能有效降低庫存成本與工廠空間需求。

（按：在豐田的生產管理中，「看板」是指用來傳遞生產或補貨指令的卡片，有助於做到「即時生產」，減少庫存與浪費。）

圖表 1-3　通貨膨脹 vs. 通貨緊縮

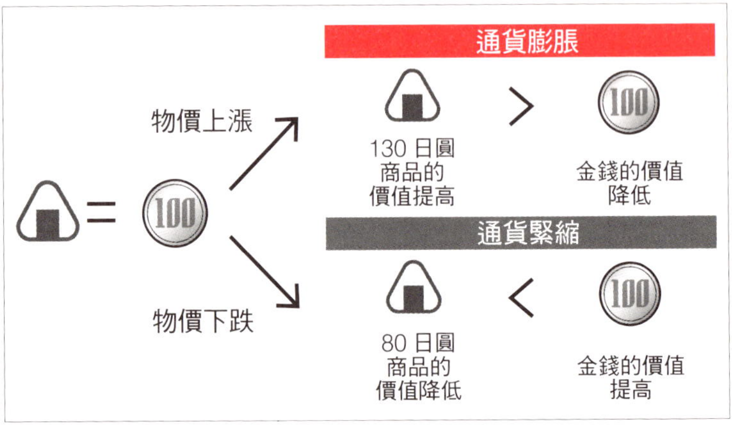

發生通貨膨脹時，商品的價格會上漲；發生通貨緊縮時，價格則會下跌。

第一章　別再說等我存夠錢

近年來，許多企業也採取不囤積庫存、縮小生產設備的做法。然而，隨著新冠疫情趨緩，加上日圓貶值，大量外國觀光客來到日本，使得需求大幅增加，卻面臨供給無法跟上的窘境，旅館業的情況尤其明顯。

此外，本節後面會提到薪資將來可望上漲。當薪資提高，民眾晚餐的菜色可能會變得更豐富，或開始購買過去捨不得買的商品。如此一來，社會便進入「通貨膨脹→加薪→通貨膨脹→加薪……」的循環中。

此時，或許你心中會浮現一個疑問：「從小我們就被教育『節約存錢是好事』，但從前面的敘述來看，這樣做反而不對嗎？」個人節約或存錢本身不是壞事，但重點在於，如果整個社會都只顧著存錢，可能對經濟產生負面影響。

你有聽過「合成謬誤」（Fallacy of Composition）這個詞嗎？這是指當個人或企業做出理性選擇時，從自身角度來看很合理，卻對整體社會造成反效果。例如，每個人都認為省錢是美德，於是拚命存錢、只買最便宜的商品，看似是聰明的消費行為，但當全社會的人都這樣做，便會導致通貨緊縮。

許多上班族的薪資長期沒漲，背後的問題之一正是

通貨緊縮。

在物價持續下跌的環境下，從企業的立場來看，即使隔年的商品銷量與當年相同，也會因為通貨緊縮，使得單價下跌而導致營業收入（簡稱營收）減少。

面對這樣的不確定性，企業為求穩健，**會選擇累積更多的保留盈餘**（按：稅後淨利未分配給股東、保留在公司內部的利潤），**而非用於加薪或投資**。這與民間過度儲蓄導致經濟停滯的情形類似。截至 2024 年，日本上市企業的保留盈餘已累積至約 500 兆日圓，其中光是現金就超過 300 兆日圓。

「既然企業擁有如此龐大的資金，為何不拿來加薪？」這樣的質疑聲浪近年來越來越大。2023 年 12 月，日本當時的財務大臣鈴木俊一也在記者會中表示，企業與其過度留存盈餘，不如將資金用於加薪、培育人才或投資設備。值得注意的是，「對人的投資」實際上已悄然展開。

一般來說，日本公司員工的加薪方式有兩種。一種是「定期加薪」，另一種是「調升基本工資」。「定期加薪」是指企業在既定的時間點，定期調升薪資的制度。例如，每增加一年年資，基本薪資就上調 1 萬日圓等；

第一章 別再說等我存夠錢

「調升基本工資」則是指提升整體的薪資水準。

請看下頁圖表 1-4，該圖表呈現日本大型企業調整基本工資的比率。在通貨緊縮最嚴重的 2002 年，僅 5.7％ 企業調升；但到了 2023 年，此比例已突破 40％。從 2021 年以來的上升趨勢來看，2024 年之後也值得期待。其實，直到 2022 年以前，仍有不少企業調降基本工資。如今情勢逆轉，顯示整體勞動環境迎來重大變化。

（按：根據 104 人力銀行調查顯示，2025 年近半數企業預期會調薪，平均調薪 3.2％。另外，關於臺灣近年最低工資／基本工資調整，請見第 43 頁投資小知識。）

此外，下頁圖表 1-5 顯示了人事成本與日經平均指數（按：日本最具代表性的股市指數之一，由日本經濟新聞社編製。簡稱日經指數）的長期變化趨勢。自 1960 年代以來，日本企業的人事支出成長了約 50 倍，日經指數則上漲了約 45 倍。不過，近 20 年來人事成本停滯在約 200 兆日圓，與此同時，日經指數也自 1989 年高點以來長期未能突破。

如今，2024 年的人事支出突破 200 兆日圓，也帶動日經指數再創新高。薪資成長與股市上漲的良性循環，正悄然展開。

差不多開始投資了

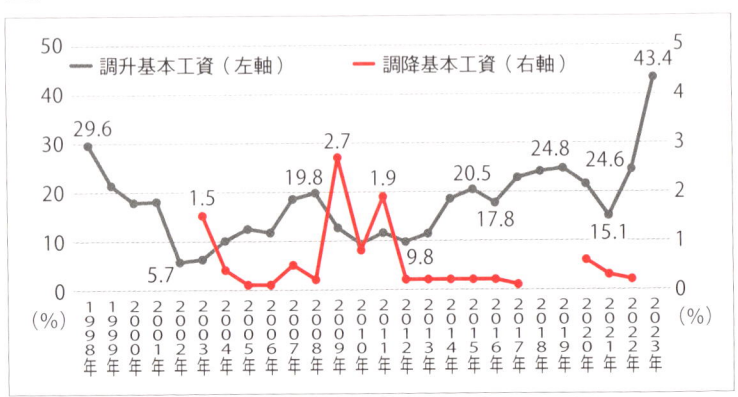

圖表 1-4　企業調整基本工資的比例

自 2023 年進入通貨緊縮以來，企業調升基本工資的比例創下歷史新高（根據日本厚生勞動省「薪資調升實況的相關調查」資料製作而成）。

圖表 1-5　人事成本變化（左軸）與日經指數年線圖（右軸）

人事成本在停滯近 20 年後突破 200 兆日圓，股市也隨之創下歷史新高。
資料來源：複眼經濟塾。

第一章　別再說等我存夠錢

3. 1952 年也曾出現相同轉折，日經指數創歷來最大漲幅

到目前為止，我已說明了兩個關鍵的轉捩點：投資新制上路、從通貨緊縮走向通貨膨脹的大轉變。而這兩項因素同時出現的時機，過去也曾發生過一次。

1952 年，日經指數在一年內暴漲約 2.2 倍，創二戰後最高漲幅。這樣的劇烈變化，值得我們回頭探究（見圖表 1-6）。

圖表 1-6　1949 年 5 月至 1953 年 4 月的日經指數變化

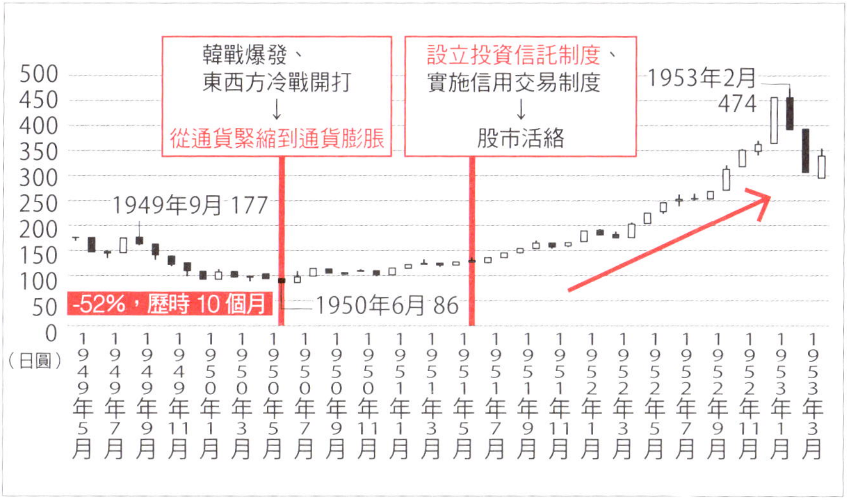

韓戰爆發、東西方冷戰開打
↓
從通貨緊縮到通貨膨脹

設立投資信託制度、實施信用交易制度
↓
股市活絡

1949年9月 177
1950年6月 86
-52%，歷時 10 個月
1953年2月 474

（日圓）

日經指數在通貨緊縮轉向通貨膨脹，以及新制度上路後急速上漲。
資料來源：複眼經濟塾。

差不多開始投資了

1950年，日本歷經二戰後首次的通貨緊縮時期，即所謂的「道奇通縮」（譯按：二戰後，美國派遣約瑟夫‧道奇〔Joseph Dodge〕擔任駐日經濟顧問，其政策導致日本陷入通貨緊縮）。不過，同年6月韓戰爆發，帶動經濟急劇轉向通貨膨脹。

1951年，日本政府為因應財閥解體後釋出的龐大股票，設立了投資信託制度，以引導國民參與投資。雖然制度目的不同，但從「由政府主導推動全民投資」這一點來看，可說與NISA新制非常相似。

這兩項因素齊備後，日經指數在1950年6月創下二戰後最低點之後，股市轉為活絡，僅耗時2年8個月，就在1953年2月達到高點，漲幅高達5.5倍。

2024年與1952年之所以相似，不僅在於經濟條件，還有另一個有趣的共通點，那就是這兩年都是「龍年」（辰年）。在股市中，流傳著許多源自長年經驗與智慧的市場格言，而日本股市有一句話叫做「龍蛇觸頂」（辰巳天井），意思是在**龍年和蛇年（巳年），股市容易見到高點**。

投資小知識

臺灣近年最低工資／基本工資調整

實施日期	月薪	月薪調幅	時薪	時薪調幅
2021年1月1日	24,000元	0.84%	160元	1.27%
2022年1月1日	25,250元	5.21%	168元	5%
2023年1月1日	26,400元	4.56%	176元	4.76%
2024年1月1日	27,470元	4.05%	183元	4%
2025年1月1日	28,590元	4.08%	190元	3.83%

資料來源：勞動部。

3 飆漲 28 萬倍的個股

　　你注意過書店裡的投資理財區嗎？那裡陳列著各種投資書籍，包括股票、外匯交易、虛擬貨幣與不動產投資等。而**本書主要談的是股票投資，更具體的說，是個股（單一個別公司的股票）投資**。

　　個股投資的最大魅力，在於爆發力。

　　東京證券交易所（按：日本資本市場的主要股票交易場所，相當於臺灣的「臺灣證券交易所」）在二戰後重新開市的隔年——1950 年 6 月，日經指數創下月線收盤價（每個月最後一個交易日的收盤價）的歷史低點，不過此後至 2024 年 7 月高點，指數漲幅逼近 500 倍，顯示長期投資的潛力驚人。

　　此外，在相同期間內，**有一家企業大幅領先整體市場，股價漲幅高達 28 萬倍**——那就是豐田。

　　1950 年 6 月，豐田的最低股價是 23.5 日圓，若當時購入 1,000 股，只需要 2 萬 3,500 日圓。假如以《四季報》的售價推算通膨水準，1950 年為 150 日圓，現今售

差不多開始投資了

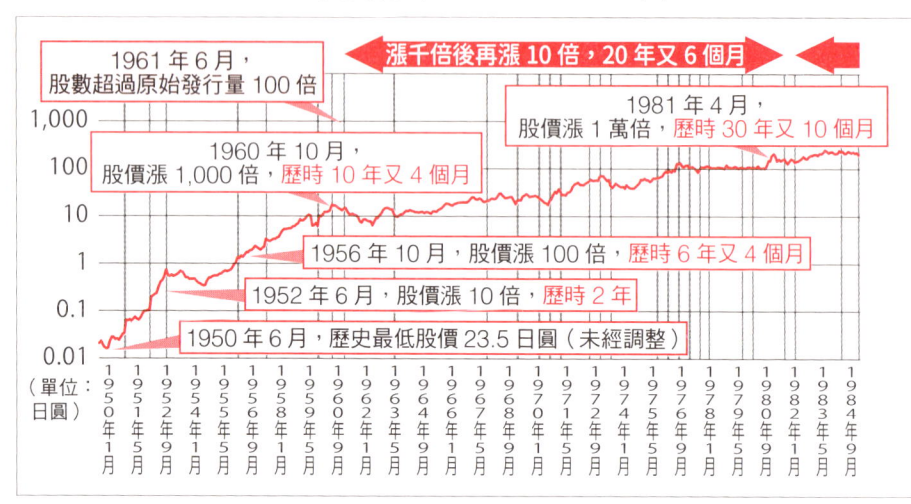

圖表 1-7 豐田的股價變化（1950 至 2024 年）

漲千倍後再漲 10 倍，20 年又 6 個月

1961 年 6 月，股數超過原始發行量 100 倍

1981 年 4 月，股價漲 1 萬倍，歷時 30 年又 10 個月

1960 年 10 月，股價漲 1,000 倍，歷時 10 年又 4 個月

1956 年 10 月，股價漲 100 倍，歷時 6 年又 4 個月

1952 年 6 月，股價漲 10 倍，歷時 2 年

1950 年 6 月，歷史最低股價 23.5 日圓（未經調整）

此圖表數據已反映有償增資、無償增資、股票配息與股票分割等因素修正。
股價與資本變動的資料參考自《公司四季報全 75 年 DVD》；豐田的相關資料由複眼經濟塾參考《公司四季報》編製。
資料來源：複眼經濟塾。

價約為 2,600 日圓（含稅），相比約成長 17 倍。以此換算，當時的 2 萬 3,500 日圓相當於現今的 40 萬日圓。

假設在 1950 年買進 1,000 股，並一直持有到 2024 年，包含因股票分割（一股股票分成多股，以增加市場上的股票流通量）增加的股數，其總價值已經增長了約 28 萬倍。也就是說，當時的 2 萬 3,500 日圓，如今達到 60 億日圓以上。

第一章 別再說等我存夠錢

漲萬倍後再漲 10 倍，25 年又 6 個月

2006 年 10 月，
股價漲 10 萬倍，
歷時 56 年又 4 個月

歷史最高股價：3,891 日圓
2024 年 3 月，
股價漲 28 萬倍，歷時 74 年

1951 年下半會計年度，
豐田的經常利益僅 2.5 億日圓，
是東洋紡（61.5 億日圓）的 1/25

垂直線為實施有償增資、無償增資
或股票配息的月分

按：「歷史最低股價 23.5 日圓（未經調整）」指未經股票分割或增資等因素調整的原始股價；此圖表以「對數刻度」表示，不是以等距方式顯示價格變化，而是以比例變化呈現。

　　豐田在股票分割後調整的股價，在 1950 年至 1960 年的 10 年間飆升了 1,000 倍；接著，約花了 20 年從 1,000 倍成長至 1 萬倍；而從 1 萬倍進一步躍升至 10 萬倍，則歷經了約 25 年（見圖表 1-7）。

　　豐田現在聞名於全世界，而從股價的變化來看，就會發現在 1949 年上市後的前 10 年，經歷了一段從低價起飛的爆發性成長。從這個事實中可知，豐田以前也曾

是乏人問津的中小型股。

索尼（Sony）、本田技研工業（HONDA）以及松下電器產業（現為 Panasonic 控股）等企業，其股價從低點到高點，也出現了 2 萬至 3 萬倍的成長幅度，這些如今耳熟能詳的大企業，當年也都曾是不受關注的中小型股。

談到這些企業的驚人漲幅時，常會有人說：「這是二戰後沒過多久的事吧？當時日本正值高速成長期，想必現在沒有這種企業了。」我可以理解這樣的想法，但事實並非如此。

例如，在 1994 至 1996 年間上市的企業中，像是軟銀集團（SoftBank Group）、迅銷（Fast Retailing），以及 Yahoo! Japan（現為 LY Corporation）等，如今都是人盡皆知的出名企業，這些股票從上市低點到高點，也都經歷了 100 到近 500 倍的漲幅。

值得一提的是，這些企業的飛躍成長，正是發生在日經指數自 1989 年高點崩跌、歷時近 20 年泡沫破滅調整期的背景下。若當時選擇的是指數型投資（按：不挑選個別股票，而是跟隨整體市場指數表現的投資方式），投資人可能面臨高達八成的市值縮水。

另一方面，主動型基金雖然以超越大盤為目標，但

根據日本的統計，有高達八成的基金表現落後於東證股價指數（按：與日經指數並列為日股的重要股市指標，追蹤東京證券交易所約 2,000 家上市公司），甚至被業界認為「若一年能超越大盤 1％，就已算是表現優異」。

這樣看來，雖然這麼說可能有些極端，但與其買主動型基金，不如閉著眼翻開《四季報》隨意挑選個股，或許還更有機會賺錢。

投資小知識

台股入門秒懂

- 台股交易時間：平日上午 9 點至下午 1 點 30 分。
- 開盤價：當日第一筆成交的價格。
- 收盤價：當日最後一筆成交的價格（一般提到股價，通常指收盤價）。
- 台股有「10％ 漲跌幅限制」：一天最多上漲 10％ 就不會再漲（漲停）；一天最多下跌 10％ 就不會再跌（跌停）。
- 留意「五檔報價」：觀察最接近成交價的

五個買賣價與數量,掌握市場供需動向。

・台股採用「T＋2日交割制度」:指交易日(T日)後的第二個營業日(T＋2日),券商才會扣款,投資人須在T+2日上午10點前將款項存入交割銀行帳戶,否則視為違約交割。

4 要存多少錢才可以進場？

想開始投資的人當中,有些人會認為「我沒有多餘的錢可以用來投資」、「我想等薪水漲多一點再開始」。每當我聽到這些想法時,心裡總會想:「沒必要想得這麼複雜……。」

當然,我不會鼓勵「要是沒錢就拿生活費來投資」這種魯莽的做法。就算扣掉日常開銷後還有存款,也不建議全數投入投資,應保留一部分資金在手邊,以備不時之需。

那麼,究竟要有多少錢才能開始投資?我建議,使用「即使賠光也不會影響生活的資金」來投資。

賠光也沒關係的資金規模因人而異,我認為不妨把 10 萬日圓當成一個參考基準,你也可以把它想成是**一趟國內旅行的預算**。

假設你原本計畫要去旅行,卻因突發狀況當天無法成行,這時交通費、住宿等費用全部都無法退費、得自行吸收。這種情況下,你能接受的損失金額,就可作為

開始投資的基準。

這個概念不只適用於旅行，在其他情境下也一樣。

例如，近年來就曾有除毛沙龍倒閉的新聞，有顧客事先支付了 30 萬日圓，結果店家關門、錢拿不回來。即便不是這類極端情況，生活中仍可能遇到各種突發開銷，像是家電突然故障，但沒保固只能重買，或停車時不小心擦撞，得自費維修車輛等。

如前言所述，在股票投資中，資產歸零的情況極為罕見。但若你從「就算最壞情況下全部賠光也可接受」的金額開始，反而能更安心、順利的踏出第一步。

5 我把 2,000 頁《四季報》當小說讀

在股票投資中，我最終領悟的一條法則是：「股市變化多端，但幸運女神會對努力學習的人露出微笑。」也就是說，若想在市場中站穩腳步，就必須持續關注股票、不斷學習。

話雖如此，但在投資的世界中，也確實存在賭場上常說的「新手運」。在複眼經濟塾裡，有不少剛入門的投資新手，在一年內就找到股價翻漲 2 至 3 倍的股票，甚至找到 10 倍股這類驚人的標的。

我之所以會對 10 倍股著迷，也是因為曾被新手運眷顧。回想起 1998 年，當時我還任職於野村證券，受到前輩的嚴格指導，**把厚達約 2,000 頁的《四季報》像讀長篇小說一樣，從第一頁讀到最後一頁**。

在進行這項訓練一年後，當我讀到 1998 年秋季號，一檔股票映入眼簾，深深吸引了我的目光。當時身為投資顧問的我，便將這檔個股推薦給客戶。

差不多開始投資了

這家企業叫做「C2 Network」，其主力業務是在日本的關東地區，經營以加工食品為主的平價零售店「鶴龜 Land」。如今，零售業者透過各種創新方式進行低價競爭，早已司空見慣；但在過去，像「鶴龜 Land」這樣主打加工食品最便宜的店家仍相當罕見。

而這檔 C2 Network，正是我首次發現的 10 倍股。

那麼，在低價銷售尚未普及的年代，C2 Network 為何能透過鶴龜 Land 實現低價策略？這背後有其原因。

其原因在於，該企業並非主打頂尖廠牌，而是當時不太常見的二線產品。例如以美乃滋來說，店裡販售的不是「丘比」（Kewpie）這類知名品牌，而是價格便宜，味道卻實在的「KENKO 美乃滋」。

當時的社長曾說：「大家可能不認識『KENKO 美乃滋』，但我相信人們會覺得它好吃。因為就連大家喜歡的麥當勞（McDonald's）速食，也是用它做的。」正是這樣的商業邏輯讓我覺得非常有趣，再加上當時正值通貨緊縮初期，我判斷這家公司具備高度成長潛力，所以推薦客戶買進這檔股票。

新手也能發現 10 倍股

那麼，該怎麼發現 10 倍股？

知識固然重要，但光靠知識，往往會脫離現實狀況，無法察覺到市場中的訊號。除了知識之外，直覺與感性也扮演著關鍵角色。提到直覺，你或許會覺得是與生俱來的才華，但其實並非如此。

以前面提到的 C2 Network 為例，我會注意到它，是因為我察覺到三件事：通貨緊縮來臨、追求平價的時代或許正在形成、社長的經營策略很有趣。正是這三個「感覺」的結合，讓我有機會在早期發現這檔潛力股。

每期《四季報》發行後，複眼經濟塾會舉辦「熱門潛力股比賽」，請學員從最新一期的《四季報》中，挑出最看好的個股。令人驚訝的是，幾乎每次都會出現一年內漲幅達 3 至 5 倍的潛力股。而且，許多未來表現亮眼的股票，經常是由投資新手挑選出來。

這場比賽的靈感，來自我過去任職於野村證券機構投資人業務部時，主導的內部學習會。當時，我們透過電話會議系統，將派駐到日本國內外據點的投資顧問與分析師連線，互相分享對投資的觀察與想法。雖然那時的科技遠不如現在便利，這樣的交流卻激發出許多點子。

就在這樣的交流過程中，派駐到瑞士的顧問便提出一檔他高度關注的個股——玩和線上娛樂（GungHo Online Entertainment，簡稱玩和）。這家公司正是知名手機遊戲《龍族拼圖》的開發與營運商。他憑藉自身的海外經驗，判斷智慧型手機的時代即將到來，未來大家都會習慣用手機玩遊戲。正是基於這個趨勢預測，他強力推薦了玩和。

當時在日本，智慧型手機尚不普及，而我只著眼於日本國內的情況，根本不具備那樣的視角。結果就如大家知道的一樣，後來智慧型手機迅速普及，人人用手機玩遊戲成為日常，玩和的股價也隨之驚人暴漲。

無論是通貨緊縮或智慧型手機遊戲，相關的變化每天都在我們眼前上演，只要稍加留意，就有機會可以察覺到。經常有人問我如何培養敏銳的觀察力，所以我在本書第二章中，首次歸納出屬於我的「發現法則」，請拭目以待。

小心「喜歡撿便宜」的心態

但在進入第二章前，我想先強調一個非常重要的原則：**「通縮腦」是投資當中最大的敵人**。「通縮腦」是

我自創的詞彙，指在通貨緊縮的局面下，**偏向思考「盡可能找到最便宜的東西」的習慣**。投資時絕不能用通縮腦思考。為什麼？只要你了解投資如何獲利的本質，就會明白其中的關鍵。投資獲利的方式可分為兩種：

- 先買進，等股價上漲後賣出。
- 先賣出，等股價下跌後買回（賣空）。

本書將聚焦在第一種方式──先買進，等股價上漲後賣出。股票是一種有價格的商品，在買股票時，就像日常購物一樣，想找便宜貨的想法本身沒有錯。問題在於，是否單純因為便宜就買進。因為這樣的邏輯，**沒考慮到「買進之後，還會不會上漲」**。

現在這個社會當中，人們早已習慣找便宜貨，形成了通縮腦。擁有通縮腦的人，由於擅長找便宜商品，因此或許也擅長找低價股。但真正的問題在於，他們往往找不到股價上漲的理由。

如果帶著這種思維進場，雖然會買到便宜的股票，不過將來可能持續維持低價，因此再怎麼長期持有也無法獲利。

差不多開始投資了

　　我敢斷言,只追求便宜的人不適合股票投資。從這個角度來看,當前社會從通貨緊縮轉向通貨膨脹的局勢,對於接下來想要開始投資的人來說,不只是時機變好,心態也變得容易調整。

　　順帶一提,前面提到的第二種獲利方式──空頭操作(賣空),因為與本書的主旨「幫助投資初學者順利開始」並無直接關聯,因此不詳細說明。

　　雖然我也喜歡理論上的學習,但我認為真正的力量是來自實踐。下一章會透過一系列練習,幫助你擺脫通縮腦,切換成投資腦。這些練習不涉及艱深的數字或經營理論,你只須當成輕鬆的謎題遊戲來挑戰就好。

第二章

我不懂股票,
該買哪一檔?

1 商品價格調漲，照樣吸引人潮

　　我先介紹一個簡單的觀察方法。首先，請觀察你身邊有哪些人潮聚集的地方、大家都在買什麼東西。但要注意，不是只要人多就值得關注。人多≠必定有投資價值，接下來我們要學的是如何分辨這之間的差異。

　　最近，人事成本、原物料和電費等各種費用都在上漲，關於漲價的新聞頻頻傳入耳裡。而我們正好可以利用這個趨勢，著眼於**即使漲價了，仍能吸引人潮的商品或店家**。

　　本章的目標，是幫助你將通縮腦轉換為投資腦。而要做到這一點，首先須掌握「營收」的概念。所謂的營收，可用一個簡單的公式表示：

> 營收＝銷售數量 × 單價

舉個例子來說，假設一個漢堡售價 100 日圓，一共賣出 300 個。這樣一來，銷售數量 300 個 × 單價 100 元，營收就是 3 萬日圓。

但如果由於原料成本上漲，漢堡單價調漲到 150 日圓，導致顧客變少，銷量下降至 100 個，於是 100 個 × 單價 150 元，營收就變成 1 萬 5,000 日圓，比原來少了一半。

不過，世上有些東西即使漲價，仍能吸引到許多人，其中一個例子就是**東京迪士尼樂園**。2023 年 10 月，東京迪士尼將成人一日券（一日護照）的價格調漲到最高 1 萬 900 日圓。1983 年開幕時的票價是 3,900 日圓，也就是說，40 年來票價成長了將近 2.8 倍。

但儘管多次漲價，排除新冠疫情期間，東京迪士尼樂園的入園人數仍呈現穩定成長。這正是關鍵所在。

如果只是入園人數（也就是銷售數量）增加，那營收成長只是穩定上升；但當票價（也就是單價）也同步提高時，營收就會加速成長。當一家企業擁有如此強大的營收成長潛力，自然會讓人期待未來的表現，進而推升其股價。

順帶一提，經營東京迪士尼樂園的東方樂園其營收

來源，不僅限於門票收入，他們還經營包含飯店、商業設施在內的整個東京迪士尼度假區，以及單軌列車等多項業務。

2024年6月，東京迪士尼海洋（東京迪士尼樂園之外，東京迪士尼度假區的另一個主要遊樂設施）開設了全新園區，主題涵蓋《冰雪奇緣》（Frozen）、《魔髮奇緣》（Tangled）、《小飛俠彼得潘》（Peter Pan）等多部人氣電影。新園區開幕後吸引大批遊客到訪，也帶動飯店與商場的營收同步成長。

2024年夏季號的《四季報》中，東方樂園被標註為「獲利連創新高」的企業，評論更指出：「來客人數大幅增加，客單價也同步上升。」

價格調漲是大漲的訊號

此外，同樣的現象也出現在我們熟悉的速食連鎖店，例如麥當勞與肯德基（KFC）。儘管店家調漲了價格，但由於顧客持續上門，整體營收仍呈現上升趨勢。

以日本麥當勞為例，熱門漢堡產品「大麥克」的價格自2020年的390日圓，歷經多次調漲後，在2024年1月已來到480日圓，在市中心的門市甚至高達530日

圓。4年間漲幅達23％，市中心的門市則是36％。

然而，從《四季報》的評論中可以看出，日本麥當勞的業績表現相當亮眼。2024年夏季號的《四季報》提到，該企業店鋪數維持穩定（上期淨增加15間）。且透過多次漲價提升客單價，並藉由推出限定商品和強化促銷，增加顧客數量。

該企業既有店面營運表現穩健，儘管因薪資上漲使人事費用提高、裝修支出增加，仍創下歷年最高淨利。

即使價格上漲仍吸引顧客的例子，不僅限於上市公司。第一章中提到的高級餐廳也是如此，即使價格偏高，依然不乏客人上門。

你應該經常看到物價上漲的新聞，而在你對此感到沮喪之前，不妨思考：「這或許是個投資的機會？」、「是否即使漲價，消費者仍還願意上門？」試著用更樂觀的角度看待。

2 「獨占＋成長」企業，必漲

　　街道上處處充滿了股票投資的線索。你有聽過「彩色浴效應」（Color Bath Effect）嗎？這是一種心理學現象，指當人對某個事物產生興趣時，大腦會自動聚焦並過濾出相關資訊。

　　比如當有人對你說「請找出紅色的東西」後，你走在街上會突然意識到郵筒、紅綠燈、麥當勞的招牌等，平常不會留心注意的紅色物品。如果你有意開始投資，務必要啟動「投資的彩色浴效應」。

　　為了培養觀察的敏銳度，有一個重點，就是**尋找無論走到哪裡都會看到的東西**，這正是**辨識「市場獨占」**的關鍵。所謂獨占，是指某家企業幾乎掌控市場，沒有競爭對手。獨占企業往往具備自由定價權，也因此更容易創造出持續的獲利。

　　另外，**這類企業通常也容易維持市占率**，具備營收長期穩定的潛力。它們擁有強大的品牌力，深受消費者信賴，產品也不斷被重複購買。基於這樣的原因，獨占

差不多開始投資了

企業會被視為潛力股。有的企業即使不構成絕對獨占，只要擁有壓倒性的市占率，也同樣具備吸引力。

不起眼的設施，市占率超過五成

在街道上，有哪些具有獨占地位的例子？比方說，你應該也曾看過車站或市公所等地的「導覽看板」。在日本，這些導覽看板是由一家名為「表示燈」的企業製作。2024年夏季號《四季報》提到，在車站與政府機關設置的導覽看板「NAVITA」，是由其獨占經營。

而我也從這點開始，讓自己的想像再往前延伸了一步：近年來，許多看板與廣告都被替換成數位看板。許多人應該都已在電車、車站或商業設施中，實際感受到這個變化。

那麼，假如表示燈的NAVITA看板也全面數位化，會發生什麼事？我認為，若能搭配有效的行銷策略，它的廣告價值會大幅提升。

除了導覽看板之外，自動門也是一種常見於街頭或車站、具有明確功能的設施。你是否也曾經看過貼上「NABCO」標誌的自動門？那正是由企業納博特斯克（Nabtesco）推出的自動門品牌「NABCO」。納博特斯

克生產的建築用自動門在日本市占率約55％，可說是業界龍頭。

　　前面以表示燈這家企業來說明市場獨占，而獨占或壓倒性的市占率並不限於戶外設施。接下來要請問你，是否曾在餐廳或旅館用餐時，見過用於幫鍋物料理加熱的小型固體燃料？你知道是由哪家公司製造的嗎？在日本，這類固體燃料主要由名為「Niitaka」的企業生產，並擁有超過六成的市占率。

　　事實上，Niitaka以高市占率自豪的不只是固體燃料，它也生產業務用清潔劑和酒精消毒劑。說到酒精消毒劑，你應該還記得新冠疫情期間，政府大力推廣用酒精消毒手部吧？正因如此，Niitaka的股價在2020年6至7月間創下創業以來新高，與疫情爆發前、2020年初的股價相比，上漲了約3.5倍。

　　哪些東西到處都看得到，還具備成長潛力？**為了避免錯過這類「獨占＋成長」的企業，我們都應仔細觀察眼前的世界**。反過來說，一旦開始投資，你看待日常生活的方式就會和以往不同。如果你能感受到這份樂趣，應該會更沉迷於投資。

3 先進國家的日常、新興國家的未來

根據 2023 年 11 月的人口統計，日本的人口為 1 億 2,434 萬 2,000 人。雖然是世界排名第 12 名，但日本的人口已開始減少，在這次統計中，就比前一年同月減少 57 萬 1,000 人。根據預測，到了 2070 年，日本人口將可能減至 8,700 萬人。

請回想前面提到的公式：營收＝銷售數量 × 單價。二戰後的日本，由於人口增加、內需市場強勁，推動經濟迅速發展。但如今，日本國內需求減少已是不爭的事實。那企業的營收是否註定一路下滑？並非如此。**當國內消費者變少，企業也可開拓海外的市場與顧客。**

因此，評估企業在未來是否具備成長的潛力時，也可思考，**是否具備進軍海外市場的實力？**此時可把視角放在「**先進國家理所當然、新興國家將來會發展的商品**」。比如，前言提過的 SHOEI 就是一個代表性企業。對於平常騎機車的人來說，SHOEI 並不陌生。這家公司

專門生產高階安全帽,且擁有全球市占率第一的地位。

你是否曾看過這樣的照片或影片:早期的中國、越南、印尼等地,街道上擠滿騎機車的人。在許多新興國家,機車的普及往往比汽車早,這是因為機車的價格遠低於汽車,對多數人來說更容易負擔。但這些國家的相關法規往往尚未健全,導致不少人未戴安全帽就上路。

不過這種狀況不會持續太久。隨著法制逐步完善,最終會規定騎機車者須配戴安全帽。屆時,在機車已經大量普及的情況下,所有騎士都必須購買安全帽。這就是企業未來營收提升的公式——機車數量增長 × 配戴安全帽比例。

當你看到電視上出現大量機車的畫面,而騎士卻幾乎都沒有戴安全帽,這時如果能察覺:「怎麼沒有人戴安全帽?」這個視角掌握著投資成功的關鍵。順帶一提,SHOEI 在全球高級安全帽市場的市占率中超過 60%,是無可撼動的領導品牌。

印度市場是日本的 20 倍

還有其他東西在先進國家是稀鬆平常,新興國家卻不太常見。例如,經營嬰兒用品的嬌聯(Unicharm),

第二章 我不懂股票,該買哪一檔?

成功切入了海外的龐大市場,其中一個代表性市場就是中國。在中國,民眾普遍認為「越貼近身體的東西,越應該安全可靠」,而隨著生活水準提升,越來越多家庭從布尿布轉向使用紙尿褲。在眾多品牌中,嬌聯的紙尿褲由於給人安全的形象,所以受到青睞。

現在,嬌聯正在積極拓展印度的市場。印度在2023年成為全球人口最多的國家,也是經濟快速成長的新興市場之一。

2023年春季號《四季報》指出,嬌聯嬰兒用品與紙尿褲在印度的銷售額持續成長;針對印度與非洲等重點區域的所得水準,積極推廣低價位嬰兒紙尿褲,期望開拓新客群。由此可見,嬌聯在印度市場的未來發展備受期待。

還有其他企業瞄準印度市場。比如文具製造商百樂(PILOT)也在加速布局。

2023年春季號《四季報》提到,百樂瞄準印度初等教育學生(人數為日本的20倍),透過去年設立的當地據點積極擴展銷售。印度的初等教育學生人數約有1億3,000萬人,而文具屬於消耗品,如果這麼大的族群每年都會反覆購買,對企業而言便是龐大的市場。再加上日

本文具的好品質在海外也廣為人知，因此百樂將來也可望大幅成長。

不過，有一點要注意：**並非所有拓展海外市場的公司，都值得投資**。

我曾在 2007 年參觀 TOTO 位於中國的工廠。TOTO 是日本馬桶領域的龍頭企業，在國內市占率高達 60％，其中免治馬桶占有 50％ 的市占率。

就如前面嬌聯的例子一樣，當時我也對 TOTO 在中國的發展非常期待，但現實沒那麼樂觀。原因是在當時，中國幾乎沒有人知道免治馬桶，也不像紙尿布或文具，是生活中非用不可的產品，因此普及速度極為緩慢。

不過，2024 年《四季報》秋季號提到，雖然免治馬桶在中國市況持續低迷，但美洲市場的表現熱絡；TOTO 強化在美洲的推廣策略，加速免治馬桶的普及。縱使中國市場未如預期成長，但美國市場的發展值得關注。

第二章 我不懂股票，該買哪一檔？

4 衣、食、住、行，都藏有飆股

你每天早上會固定做什麼事？像是吃早餐、刷牙、換衣服等，應該有許多例行活動。其中，有不少人會看天氣預報。

新聞節目當中通常有天氣預報的單元，甚至在這個單元以外的時段，節目畫面上方或旁邊也會顯示氣象資訊。最近，也有許多人透過手機 App 查詢天候狀況。

在日本，這個領域裡也有獨占企業，那就是「ALiNK Internet」這家公司（按：在臺灣，氣象資料由中央氣象署提供，而民間氣象公司可透過加值服務，提供客製化預報）。它經營預報天氣的網站「tenki.jp」，並與日本氣象協會合作，將氣候資訊加工後發布。因為「tenki.jp」是日本氣象協會官方認可的網站，所以可說 ALiNK Internet 幾乎獨占了這個協會的氣象資料。

天氣會左右人們的行動。如果天氣晴朗，有些人可能會想爬山；如果下雨，則可能會選擇待在家閱讀。因

此，天氣預報也極具吸引力，促使眾多人主動查詢。然而，ALiNK Internet 的股價卻尚未大幅上升。

後來，ALiNK Internet 以登山族群為目標客群，推出專為山區設計的天氣預報 App，並持續以氣象為核心發展多元的服務。雖然以往許多人會說天氣預報「不準」，但隨著預報的準確度提升，逐漸變成人們願意付費的內容。我認為，這樣的趨勢若持續擴大，其價值也將隨之提升。

另外，無論是上班通勤還是出遊，多數人都會利用鐵路、飛機或巴士等大眾交通工具。在這些情況下，大家會查詢時刻表或轉乘路線。而提供這類查詢服務的企業，像是「找車站」（Ekitan）與「Jorudan」都是日本的上市公司。

類似的例子還有很多。從生活中的「衣、食、住、行」延伸思考，相信你會發現有趣的投資標的。

第二章 我不懂股票，該買哪一檔？

5 想像這家公司 5 年後的模樣

世界上總是不斷出現各種流行趨勢。在日本，最近讓人印象深刻的例子，就是珍珠奶茶。這類飲品曾經歷多次流行，但許多人應該還記得，2018 年左右掀起第三波熱潮。當時街頭到處都是販售珍珠奶茶的店家。

不只是珍珠奶茶，任何成為熱潮的商品，一旦爆紅，就會吸引大量人潮搶購。那麼，如果某樣東西賣得好、人氣高，是不是就代表它的股票也值得投資？要是只看到熱度就急著投資，其實非常危險。面對流行風潮，投資時須從多個角度審慎判斷，才能避免掉入陷阱。

其中最重要的是，**能否想像這家公司在 5 年後的樣子**。所有的流行終究會退燒，撐過熱潮、成為日常一部分的產品或企業，才能真正長久。

要達到這一點，須經得起市場的殘酷淘汰與競爭。換句話說，關鍵在於思考：這家企業是否有足夠的實力，在 5 年的熱潮起伏中存活。

那麼，該如何想像一家公司 5 年後的狀態？我從長

差不多開始投資了

年分析股票的經驗,將重點歸納為以下兩點:

1. 自己做得出來嗎?

首先請試著思考,目前當紅的商品,你是否也有能力製作或自行開店經營?

像是珍珠奶茶,只要備好原料就能開賣,所以連許多沒開過餐飲店的人,也覺得「自己搞不好能做」而參與。由於進入門檻過低,容易在短時間內出現大量新店,但隨著熱潮退去,市場也迅速降溫。

那是不是凡是自己做得出來的商品,就不值得投資?答案並非如此。我繼續以飲品為例,和「茶類飲料」做比較。

如今,在便利商店或自動販賣機購買罐裝或瓶裝茶飲,早已是稀鬆平常的事。但在約 50 年前,仍是無法想像的場景。就在這樣的時代背景下,日本飲料公司伊藤園於 1980 年推出了罐裝烏龍茶。我當時看到茶類飲料能裝進鋁罐販售,感到十分驚訝。至於寶特瓶裝茶飲,則在 1990 年問世。

如今,罐裝與寶特瓶裝茶飲早已深入人們的日常生活。珍珠奶茶與茶飲之間,為什麼命運如此不同?關鍵

第二章 我不懂股票,該買哪一檔?

在於「TP 值」(Time Performance,時效比),指花費時間與所獲得效果或滿意度之間的比值。近年來,人們認為這項概念類似於「CP 值」(Cost Performance,性價比),逐漸受到關注。

伊藤園的罐裝茶,等於是讓消費者用金錢換取時間與便利性,省去泡茶的一連串工序,包含燒開水、將茶葉放進茶壺、倒入熱水、悶泡茶葉,最後再倒入茶杯中。

茶對日本人來說是日常飲品,因此,能節省泡茶時間,對生活方式來說是一項重大改變。像這樣的事即使自己能做到,但由別人代勞具有明確好處,人們也會願意花錢。

2. 是否具備品牌?

第二個觀察流行趨勢的重點是,這股熱潮是否具備品牌。在此我以日本近年的「日式炸雞店熱潮」來說明。

從 2020 年左右開始,以外帶為主的炸雞專賣店迅速走紅,掀起一波開店熱潮。然而,隨著風潮趨緩,到 2023 年,炸雞店經營者的倒閉數共計 27 家,是前一年的 9 倍。

我思考這股熱潮為什麼會迅速退燒時,發現「沒有

品牌」是其中一個主要的原因。

作為對比,我想舉柬利多控股旗下的「丸龜製麵」為例。這家烏龍麵連鎖品牌雖然主打讚岐烏龍麵,但實際上並非起源於香川縣(譯按:讚岐烏龍麵是日本香川縣的特產)。

據說,創辦人粟田貴也曾在香川縣丸龜市品嘗現煮烏龍麵,進而啟發他創立丸龜製麵。該品牌的第一家店鋪於 2000 年設立,在兵庫縣加古川市開幕。

丸龜製麵非常成功的運用了「讚岐烏龍麵」與「丸龜」這兩個品牌,在 2018 年,達成日本國內外總店數突破 1,000 家的成績。

當然,丸龜製麵之所以如此成功,除了品牌的力量之外,還有多項因素相互加乘所致。像是店內從製麵到現煮一手包辦,以及即使是兼職人員,也能透過完善的作業流程,穩定提供高品質的烏龍麵。不過,想抓住消費者的心,是否具備品牌,依然會產生極大的差異。

6 尋找金牛：是否有穩定現金收入

「衝進香菸店。」這是我剛任職於野村證券時，前輩常對我說的一句話。當然，這不是叫我去吸菸的意思。

你是否曾在日本的街道上看過「香菸店」？這種賣香菸的店，空間小到只能容納一個人，在我 1990 年進入野村證券時，還能偶爾看見。

當時，一包香菸的價格約為 200 日圓，即便到了 2024 年，如今常見的紙菸（每包 20 支）也不過漲到約 580 日圓。這樣的商品單價，似乎很難獲得龐大的營收。而「衝進香菸店。」這句話，是在提醒我思考事情的根本——**看起來生意清淡的小店，是靠什麼支撐下去？**

這不僅限於香菸店。還有無論什麼時候去，總是沒幾位客人的咖啡店，或在銀座使用超大空間、看起來極其奢華的壽司店，這類店家都讓人感到好奇：「這樣的生意是怎麼撐下去的？」

這些案例當中，常見的答案是老闆是出租大樓的業

主或企業經營者,把香菸店或咖啡廳當成興趣經營。既然另有本業,且靠本業可以充分賺到錢,因此對於出於興趣經營的店鋪,自然不會太過講究獲利。

因此,「本業是什麼?靠什麼獲利?」也是分析股票時不可或缺的觀點,不妨從日常生活中練習這種思維方式。

發現金牛

為了掌握這類商業模式的本質,請記住一個概念,就是「金牛事業」(Cash Cow)。這個詞的英文直譯的意思是「會生錢的牛」,就像乳牛能持續產出牛奶一樣,比喻能穩定創造現金流的事業體。其他類似的說法還有「金雞母」或「搖錢樹」。

前面提到的香菸店或咖啡店能持續經營,正是因為有其他的事業作為金牛支撐。而這類金牛,在日常生活中到處都找得到。

比方說,在日本,你可以搭乘特急列車前往觀光地,但特急列車在平日的旅客並不多。而平日擁擠的通勤電車能帶來穩定收益,或許是支撐營運的金牛事業。甚至,鐵路公司除了本身的主業外,可能還有其他金牛業務。

此外，雖然現在比較少見，不過手機的低價促銷也很類似。業者並非靠賣手機賺錢，而是透過後續長期的通訊費來獲利。這個案例當中，通訊費就是金牛；印表機也一樣，機器本身通常會以相對低廉的價格販售，但後續必須不斷購買碳粉或墨水，而這些耗材才是真正賺錢的來源。

擁有金牛事業的企業，因為現金流穩定，也常被視為值得投資的標的。**所謂「金牛」，概念上類似「穩定的現金收入」**。只要找到這樣的模式，還能應用在「證券化模式」上。

例如，出租辦公室、公寓或物流倉庫，其租金就是穩定的現金收入。此外，飯店或長照機構的住宿費等，也是穩定的收入來源。這類資產若小額分割後販售給投資人，並根據所持比例分配收益，這種機制就叫做「證券化」。

將不動產資產進行證券化的商品，被稱為「不動產投資信託」（Real Estate Investment Trust，簡稱 REIT）。除了不動產之外，在日本，像是收費道路也可以進行證券化操作。

另外，撇開倫理上的好壞不談，部分製藥公司的商

業模式也是如此。例如,世上有很多無法根治的疾病。

我曾罹患重度潰瘍性大腸炎,前日本首相安倍晉三在第一次組閣期間辭職,也跟罹患此病有關。該疾病被列為「難治性疾病」,至今仍無根治藥物。長年以來的主治醫師曾這麼對我說:「各家製藥公司都在開發潰瘍性大腸炎的藥物,你知道為什麼嗎?因為這種病無法根治,患者必須長期服藥。也就是說,這類藥品未來能一路長銷。」

疾病無法痊癒,但只要藥物能控制病情,患者就會一直購買。換句話說,這種藥物本身也是一種金牛。

7 股價難漲的產業，別挑戰

前面提到如何掌握股價上漲的契機，以及切換成投資腦的方法。但想培養真正的投資腦，光知道什麼會漲還不夠。**事先知道哪些領域的股價難以上漲**，在未來同樣會派上用場。

後面的章節會說明，股票投資主要是透過觀察各種指標與股價上漲的誘因，來預測股價的走勢。然而，即使具備了各種有利條件，有些產業的股價仍難以上漲。

例如寵物食品、寵物保險等與寵物相關的產業，就被認為股價不易上漲。雖然是推測，不過或許是因為，寵物讓人聯想到人類為了滿足自我而建立的關係。同樣的，藉由動物進行實驗的企業也常面臨類似情況。這是我個人的觀點：**凡是涉及「生命」的商業模式，往往較難引起投資人的共鳴**，因此容易被市場敬而遠之。

另外，若企業希望拓展海外市場，當地的文化與宗教觀會帶來深遠影響。例如，在伊斯蘭地區，豬肉被視為禁忌，因此像日本火腿這類銷售豬肉製品的公司，無

法進入這些市場。我曾聽過一位伊斯蘭地區的投資人說：「我們不能買日本火腿的股票。」投資策略也必須考慮這類文化限制。

美容護理與美甲等產業的股價也不易上漲，可能是因為進入門檻低，加上投資人對企業競爭力與持續性常抱持疑慮。至於柏青哥相關產業，雖然原因不明，但以我投資近 30 年的經驗來看，這類股票長期股價偏低。

此外，也有一種觀點認為「減法型商業模式」不容易成長。像是透過削減事務成本，將節省下來的費用轉化為營收的模式，就屬於此類。

雖然這類企業在經營層面表現良好，服務使用者持續增加，但從投資角度來看，這種商業模式較難受到市場青睞。這類模式剛出現時，曾因其創新性受到股市關注，最近卻很少人討論，或許是因為成長空間相對有限。

另一方面，針對使用量增加而收費的商業模式，則具有成長潛力。這是因為理論上不存在上限，有無限成長的可能性。因此，企業是否採用「按使用量計費」的機制，也是評估成長性的關鍵之一。

第三章

股價為何漲跌？
我不想虧錢

1 股票價格是誰決定的？

接下來在第三章，我會正式介紹投資所需的基本知識。目前為止，本書已多次提到生活中不常聽到的相關術語，像是「股價」等。由於未特別說明，也許讀者會感到有些困惑。因此，本章會介紹進行股票操作時，一定要先知道的常用詞彙和基本概念。

你在日常生活中，是否有曾覺得「不公平」的時候？

比方說，在公司的人事評價中，業績平平的人獲得賞識而晉升；明明做相同的工作，卻因為年資較短，所以薪水領得比較少；又或發現自己居住的地方，育兒補助等政策不如朋友所在的地區完善。

像這樣的「不公平」，在現實社會中多不勝數。尤其是企業的人事制度，再怎麼宣稱「公正評估」，也不可能達到 100% 的公正。

相比之下，股票投資的世界可說是極為公平。它的魅力在於，每個人都可根據自己的判斷，建立一套投資的故事與邏輯。

例如，若你認為「接下來珍珠奶茶會爆紅」，於是買進一家販售珍珠奶茶的企業股票，而這個判斷最終會反映在股價上。如果你的想法正確，股價就會上漲；判斷錯誤，股價就會下跌。一切的結果都取決於市場。

市場的評價非常公正，對所有參與股市的人一視同仁。在現實社會中，人事評價經常會出現誤判；但在股市中，評價的方式非常明確——股價不是上漲，就是下跌。正因如此，對於想開始投資的人來說，這種公平透明的機制，就是進場的強大動力來源。

賣的人多，股價跌；買的人多，股價漲

在股市中，如果有 1,000 個人想買股票，就必須同時有 1,000 個人想賣出，價格（股價）才會成立（更精確的說，是買賣雙方的股票數量要相符）。每個人想買或想賣的原因各不相同，但正是這些多樣的理由，構成了市場的整體評價。

實際上，股價是反映投資人的判斷所形成的共識。它是否上漲或下跌，是市場綜合所有參與者的想法，再歸納成一個評估的結果（見右頁圖表 3-1）。也就是說，每一位想買股票的人背後，都存在一位想賣的人；反之

亦然。市場中永遠存在與你持相反意見的人。

我長年置身在股票投資的世界中,且有段時間想「親身體驗」這種感覺,於是就遊覽許多日本的古戰場。或許有人會疑惑:「股票投資和古戰場有什麼關聯?」其實,兩者存在著許多共通之處。

以日本戰國時代末期的關原之戰為例,當時東軍的德川家康與西軍的石田三成正面對決。這種局勢,就如同股市中買方與賣方的對峙。無論是戰爭或股市,對立雙方都有各自的理由與立場。誰才是正確的?沒有人能

圖表 3-1　股價是怎麼決定的?

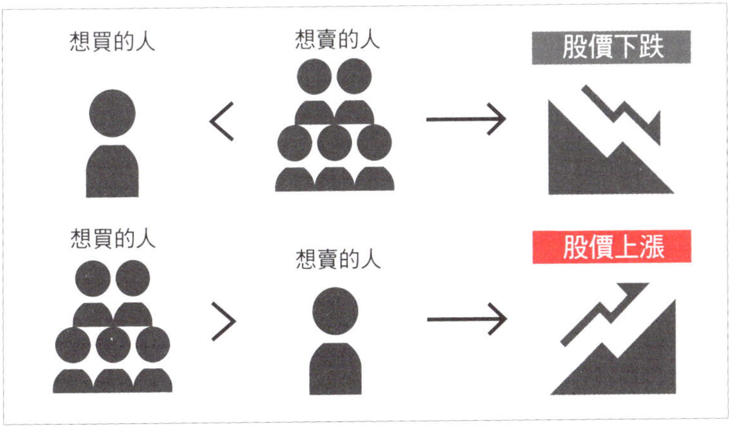

想賣的人多,股價就會下跌;想買的人多,股價就會上漲。

預先判斷。最終,戰爭中會分出勝負;而在股市中,結果則反映在股價的高低上。

關原、桶狹間、長篠、賤岳、姊川等古戰場,我親自走訪過無數次。置身在雙方陣營的立場上感受與思考,能逐漸理解兩方的心境與策略。

這樣的經驗讓我發現,戰爭中兩軍對峙的結構,與股市中「買方與賣方」的關係非常相似。我開始能想像:為什麼有人想賣?為什麼有人此刻買進?只要能從這兩個角度看待,接下來要做的,就是判斷自己該站在哪一方(判斷是否買進某支股票)。

無論戰場還是股市,最後結果皆為公正且無法推翻。就像這樣,股價最終取決於需求和供給。當賣方與買方對某個價格達成共識時,這個價格就成為股價。

這個機制非常有趣,某種意義上來說是奇蹟。而股價的變化難以預測,就像自然界的神祕現象一樣。每位想賣出的人背後都有其理由,想買進的人,也有自己的動機。這些理由從外部來看並不好懂,有時或許包括別人難以理解、極為個人且不可能預測的因素,像是「因為行星要撞上地球了,所以我必須賣掉股票」。

股價正是在眾多投資人思維交錯的情況下,當買賣

第三章 股價為何漲跌？我不想虧錢

雙方意見達成一致的瞬間形成。作為基本的市場機制，如果賣出的人變多，價格就會下跌；買進的人越多，價格就會上漲。這個簡單的供需法則，會決定股價的波動。

2 企業上市的優點和缺點

接下來我會說明,股票能在股市中買賣必須具備的條件——上市。

我以公寓買賣來比喻。假設有一個業主,持有一棟100間房的公寓,在這種情況下,外部人士無法購買這棟公寓的任何一間房。不過,假設業主決定退休、不再經營公寓,只留2間房自用,賣出剩下98間房,讓一般人可以購買,這種狀態就是「上市」的概念。

業主持有全部的房子時,外部人士甚至無法進入那棟建築物的土地,也無法僅憑外觀判斷每間房的價值。

但隨著房子出售後,狀況就有所改變。假設其中一間房以2,000萬日圓出售,以此價格估算整棟公寓的價值,就是2,000萬日圓×100間＝20億日圓。然而,若下一位住戶以4,000萬日圓購買同一間房,依此計算,整棟大樓的價值就變成40億日圓。

用2,000萬日圓買房的人,得知後來有人以4,000萬日圓購買後,便會想:「或許我的房子也能賣得掉。」

於是他也將房子出售,接著就會有買家出現。像這樣能在公開市場中買賣,就是所謂的「上市」。

並非每家成功企業都會上市

如果公司沒有上市,即使有人想買股票,也無法自由買進,只能直接和原本的持股者協商、談判,看對方願不願意賣(私下協議買賣)。

一旦在證券交易所上市,想買的人、想賣的人會自動聚集,彼此自由買賣,價格也自然形成。不過,無論發生什麼事,只要當天的收盤價決定,那就是「今天的最終價格」,誰也改變不了。

對企業來說,上市本身具有很大的優勢。上市公司可透過股票市場籌集資金;而尚未上市的企業,則必須從銀行或天使投資人(Angel Investor,早期資助新創企業的個人投資者)等管道籌措資金,花費許多心力。因此,許多希望成長的企業會先向天使投資人募集資金,並將「上市」視為重要目標。

不過,上市的好處不僅是籌措資金——上市企業還有可靠性高這一特點。為了上市,公司必須經過「盡職調查」(Due Diligence,詳細調查企業的內部,審視其

健全性的過程）。正因如此，只要能上市，就代表被視為值得信賴的公司。這對求職者與投資人來說，都是一種安心的保障。

此外，上市企業在透明度和監管的層面上也具備優勢。因為必須通過證券公司與證券交易所的嚴格審查，有助於確保企業經營層的誠信與企業健全性。上市企業還須進行投資人關係（Investor Relations，簡稱 IR）活動、召開股東大會等，採取高度透明的經營方式，進一步強化外界對企業的信賴。

然而，上市也伴隨成本與限制。為了維持上市資格，公司須支付高額費用，且會受到外部的嚴格監督。因此，上市企業在經費運用與經營方針上，須接受各方嚴格的檢視。

雖然上市有許多優點，但**並非所有企業都以上市為目標**。也有不少企業選擇不上市，例如，像日本的建設公司竹中工務店、三得利（SUNTORY）等大企業，就沒有上市。

以三得利為例，其子公司「三得利食品國際」於 2013 年上市，但母公司「三得利控股」則選擇不上市。藉由這樣的安排，企業能在保有資金調度彈性的同時，

降低母公司的風險。

　　正如上述，上市縱使帶來許多好處，但同時也伴隨成本與限制，因此企業會根據自身情況，判斷是否適合上市。

3 了解股市和股價指數

在日本，東京證券交易所將股票市場分為三個板塊：Prime、Standard 與 Growth。其中，Prime 以大型企業為主、Standard 針對中型企業，Growth 則聚焦於具發展潛力的新興企業（按：臺灣的資本市場，可區分為上市體系〔臺灣證券交易所管理〕與上櫃體系〔證券櫃檯買賣中心管理〕，底下再細分為上市、創新板、上櫃、興櫃與創櫃板等市場層級）。

然而，沒必要太執著於按市場分類來看待企業。如果你偏好投資知名企業或大型公司，就適合觀察 Prime 市場，但我認為專注個股，效率更高。

日本的股票市場起源於 1878 年，當時受到法國與英國已有證券交易所的影響，日本也參考其制度，建立自己的股票市場（按：臺灣證券交易所於 1962 年開業，當時僅有臺灣水泥、臺灣紙業，以及臺灣農林等 7 家上市公司）。

設立初期有 4 種公債上市，幾個月後，東京股票交

易所（現為東京證券交易所）、第一國立銀行（現為瑞穗銀行）、兜町米商會所、蠣殼町米商會所這4支股票也陸續掛牌上市。

東京股票交易所是日本第一家上市企業。它自己創立股票市場，並掛牌上市。當時參與出資的人眾多，其中也包括知名企業家澀澤榮一。

「股份公司」這種企業形式是在明治維新後才首次引進日本，第一個案例就是1873年設立的第一國立銀行。股份公司的形式如今已相當普遍，但在那之前，普遍採用其他商業形式。

目前所有上市企業中，創立歷史最悠久的是松井建設，於1586年開始營運。當然，創業初期並非以「股份公司」形式存在，但這家公司歷經明治維新、太平洋戰爭等重大歷史變革，至今仍屹立不搖。

持有股票，就等同於擁有企業的一部分。當你持有具悠久歷史的企業股票，也意味著你持有的資產，跨越舊有貨幣制度與戰前經濟體系，持續保有價值。這就是股票的本質。股票代表企業的一部分，也是一種資產。

了解股價指數

觀察市場的一個重要線索就是「股價指數」（或稱股市指數、股票指數）。股價指數是掌握整體股市動向的重要指標。實務上，多數日本投資人會參考東證股價指數與日經指數。

（按：**在臺灣，投資人最常參考「發行量加權股價指數」，簡稱加權指數**，單位以「指數點數」表示，由臺灣證券交易所自行編製，以上市股票的價格與發行量加權計算。）

1. 東證股價指數

英文名稱是「Tokyo Stock Price Index」，簡稱 TOPIX，單位以「指數點數」表示，是反映日本經濟動向的代表性指標之一。該指數以 1968 年 1 月 4 日的總市值為 100 作為基準，將之後的總市值指數化。此股價指數廣泛涵蓋東京證券交易所上市的各類股票，透過其價格變動，能掌握整體日本股市的走勢。

2. 日經平均指數

簡稱日經指數，又名日經 225，與東證股價指數齊

名,是日本具代表性的股價指數,單位以「日圓」表示。這項指數是根據 Prime 市場中,225 檔主要上市股票的股價計算而成,由日本經濟新聞社負責挑選,每年會重新調整與檢討一次。

東證股價指數和日經指數之間有許多差異,而最重要的一點,是日經指數主要受到股價的「絕對漲跌幅」影響,而非漲幅的百分比。因此,**走勢容易受到高價股左右**。

高價股是指股價絕對數值較高的公司,例如迅銷、東京威力科創(Tokyo Electron)、軟銀集團等。以迅銷為例,一檔股票就占了日經指數約 10% 的權重。

由於日經指數是以股價的平均值計算,因此迅銷的股價變動,會對整體指數產生巨大的影響。即使多數股票下跌,只要高價股上漲,日經指數仍可能上漲。

另一方面,東證股價指數是根據市值比重計算,受到漲幅的百分比影響,而非絕對漲跌幅。

了解這套機制的投資人,明白高價股對日經指數的影響力,並據此擬定策略。例如,迅銷董事長柳井正之所以不進行股票分割,也許是為了維持高股價,進而對

日經指數帶來高度影響力。

與市場整體指數比較

對初學者來說，為了掌握整體市場的動向，首先應觀察作為「基準」的數據，而大盤指數就是很好的參考指標。當整體市場下跌時，你可透過這些指數，評估自己的標的受到多大影響。假設大盤指數下跌10％，而你的投資組合只下跌了5％，其實稱得上是不錯的表現。

最該避免的情況，是只看自己持股的股價下跌，卻完全不看市場整體的指數變化。這麼說可能有點嚴厲，但如果你抱持這種想法，現在最好立刻停止投資。

另外，當整體市場下跌時，自己持有的股票卻獨自上漲這種好事，雖然極少數人偶爾會碰上這樣的奇蹟，但機率很低。

還有，在2024年8月，自年初持續走高的日經指數，經歷了史上最大幅度的下跌與反彈，不少人因此慌張賣股。但正是在這種時候，投資人更應該冷靜思考，避免隨波逐流，守住自己的資產。

4 出現利空先別脫手，看營業利益

接下來我要說明，如何解讀企業的各種數字指標。一提到「數字」，或許有人會想：「要開始講一些複雜又難懂的東西了嗎？」但請放心，我會循序漸進的解說，即使中途遇到不懂的地方，你只要回頭看前面的解釋，便一定能理解。

第二章中，我已經說明「營收」的概念，現在稍微回顧一下：營收＝數量 × 單價。基本上，不論是哪一類企業，營收大致上都是以這種方式構成。不過，光看營收，仍無法判斷股價會如何變動。

在本節中，我會同時介紹數個術語。為了避免混淆，請搭配第 107 頁圖表 3-2 閱讀。

我希望你先理解「營業收入」一詞（書中有時簡稱營收），這是指企業從本業中獲得的總收入金額，包含銷售商品或服務所獲得的收入。

例如，伊藤忠商事、丸紅等貿易公司，並非直接銷

售商品,而是以居中協調、撮合交易所收取的仲介費或手續費作為主要收入來源。

像野村證券這樣的金融機構,也是將手續費列為營業收入。野村證券這類的證券公司會說「我們在賣股票」,但若將實際賣出的股票金額當成營收,就會變成天文數字,跟實際情況脫節,因此,證券公司實際上是將手續費收入作為營業收入。

投資小知識

關於三大財務報表

若想掌握一家企業的基本面,並評估其投資價值,最好先對三大財務報表有初步了解:

・資產負債表:呈現企業在特定時間點的資產、負債與權益結構(資產=負債+股東權益),顯示企業「擁有多少資產、欠多少債、淨值多少」(淨值指資產扣掉負債後剩餘的部分,也就是股東權益)。

・現金流量表:呈現企業在一定期間內現金

的流入與流出，分為營運、投資、籌資三大活動，顯示企業「錢從哪裡來、花到哪裡去」。

・損益表：呈現企業在一定期間內的收入、成本與費用，最終計算出盈餘或虧損，顯示企業「有沒有賺錢、賺多少」。

損益表相關名詞

・營業收入：企業因銷售產品或提供勞務所獲得的收入（企業尚未扣除任何成本和費用前的收入）。

・營業成本：企業在生產、銷售商品或提供勞務時，直接產生的支出，例如原料成本等。根據不同產業的習慣，有時會標示為「銷貨成本」。通常，製造業多稱為「銷貨成本」；服務業則常用「營業成本」。

・營業毛利：企業的營業收入扣除營業成本後的利潤。

・營業費用：為了經營與管理公司，間接發

生的費用,例如行銷費用等。

・營業利益:企業的營業毛利扣除營業費用的利潤。

・業外收支:企業本業以外的收入與支出,例如利息收入、租金收入等(按:在臺灣,業外收支包含所有本業以外的收入與支出,無論是否重複發生。因此,土地出售利得、災害損失通常也列入其中)。

・稅前淨利:營業利益+業外收支。企業在扣除所有成本、費用與業外收支後,尚未扣除所得稅之前的獲利(公司在繳稅前賺了多少錢)。

・稅後淨利:稅前淨利－所得稅。企業在扣除所有成本、費用、業外收支和所得稅後,實際賺到的錢(公司最後真正賺進來的淨利潤)。

(按:關於右頁圖表 3-2 提到的「分配股利」,部分企業在獲利後,作為回饋,會將盈餘以現金或股票的形式分配給股東,就是所謂的配息〔現金股利〕、配股〔股票股利〕。另外,臺灣財報上的業外收支,在日本

第三章 股價為何漲跌？我不想虧錢

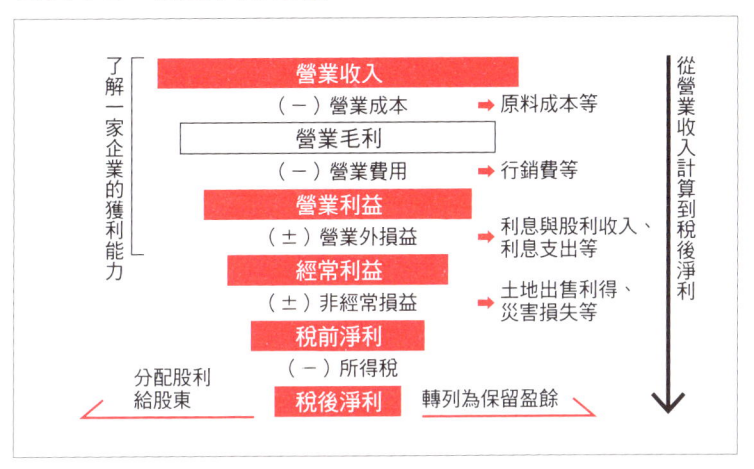

圖表 3-2 損益表的架構

```
了解一家企業的獲利能力 {
    營業收入
    （－）營業成本     → 原料成本等
    營業毛利
    （－）營業費用     → 行銷費等
    營業利益
    （±）營業外損益   → 利息與股利收入、利息支出等
    經常利益
    （±）非經常損益   → 土地出售利得、災害損失等
    稅前淨利
    （－）所得稅
    稅後淨利
}
分配股利給股東 ← 稅後淨利 → 轉列為保留盈餘

從營業收入計算到稅後淨利
```

損益表的上方通常呈現營業收入，底部則顯示稅後淨利。
資料來源：複眼經濟塾。

分為營業外損益和非經常損益。營業外損益指企業在本業以外，具有重複性的收入與支出；非經常損益指企業在本業以外，臨時性的收入與支出。營業利益＋營業外損益＝經常利益，經常利益＋非經常損益＝稅前淨利。）

公司是否透過本業賺錢？

接下來我要說明「利潤」。提到「利潤」，可以聯想到「營業毛利」、「營業利益」、「稅後淨利」，一

開始可能會讓人感到困惑,但意外的很簡單。基本上,只要掌握「收入－成本＝利潤」這個公式,接著只須看扣除哪一種成本,就能理解對應的利潤名稱。

營業收入扣除原材料費等成本之後的金額,稱為營業毛利,一般也稱為「毛利」。毛利是指從商品的銷售價格中,扣除直接成本後剩下的金額。舉例來說,在連鎖的迴轉壽司店中,會藉由各種經營策略來確保毛利。壽司的毛利會依據不同食材配料而有所差異。

為了簡化說明,我以誇張的數字舉例:像「蛋」這種成本較低的壽司配料,可以做成玉子燒壽司。假設玉子燒壽司的銷貨成本是 10 日圓,並以 100 日圓出售,毛利率就是〔(100－10)÷100〕×100％＝90％。

對連鎖的迴轉壽司店來說,如果能讓顧客多吃一些玉子燒壽司,就可確保較高的毛利。那麼,提到喜歡吃玉子燒壽司的人,你會聯想到什麼族群?

沒錯,就是小孩。但小孩不可能一個人光顧,因此,有小孩的家庭就成為目標客群。為了讓全家人能悠閒用餐,連鎖壽司店會增設包廂式座位,並準備孩子喜歡的贈品(比如日本迴轉壽司品牌藏壽司,將空盤回收系統結合扭蛋遊戲,讓顧客每回收五盤就可抽一次扭蛋),

透過這些方式吸引更多家庭消費。

營業利益是指企業從本業中獲得的利潤,代表核心的獲利能力。計算方式是營業毛利扣除營業費用(為了經營與管理公司,間接發生的費用,如廣告費、管理人員薪資)。**營業利益代表本業的獲利能力,營業利益越高,就意味著企業的主要業務具有穩定賺錢能力。**

「營業利益率」是用來觀察營業利益在營業收入中所占的比例,計算方式非常簡單:營業利益÷營業收入×100%。

較高的營業利益率,來自於提高商品售價,或有效壓低成本,像是管銷費用(按:指企業營運過程中的間接支出,包含銷售與管理所需費用,如廣告、銷售人員薪資、租金等)。無論哪種情況,都會顯示出企業具有高度的獲利能力。

比如家庭餐廳薩莉亞會在自有農場培育蔬菜,並在自有工廠生產原料。透過這種方式壓低銷貨成本,就能在不降低餐點品質的前提下,同時提升營業利益率。

不同產業的營業利益率會有所差異。在日本,製造業在財務預測中的營業利益率通常高於非製造業。不過,非製造業中的資訊通訊業表現突出,許多企業的營業利

益率超過 10％，優於全產業約 7.5％的平均水準。像這樣營業利益率達兩位數的企業，通常被視為優秀。

提到營業利益率高的企業，大型科技公司基恩斯（KEYENCE）是廣為人知的例子，其營業利益率超過 50％。另外，基恩斯的平均年薪超過 2,000 萬日圓，是日本薪資最高的企業之一，但即使如此，還是能維持極高的獲利水準。

另一方面，日本財報上的「經常利益」，包含了「營業外損益」（按：臺灣財報中通常歸類為業外收支，見第 106 頁說明）。

營業外損益是指從本業以外，產生收入與支出的差額，包括利息或股利收入、利息支出，以及來自投資事業的損益。例如，綜合貿易公司從投資事業中獲得的收入。**如果營業利益偏低、經常利益**（按：臺灣財報參考稅前淨利）**偏高，可能意味著企業仰賴非本業收入，而本業的競爭力較弱。**

雖然在圖表 3-2 中，經常利益小於營業利益，但也有經常利益高於營業利益的情況。如圖表 3-3 顯示，紡織企業片倉工業與電視臺 TBS 控股公司都有可觀的不動產收入，經常利益超過本業收益產生的營業利益。

換句話說，營業利益反映的是企業從本業中獲得的利潤，是評估其持續獲利能力的重要指標。假如營業利益高，就表示企業具備從本業穩定獲利的能力。相反的，就算經常利益很高，但若營業利益低，可能代表企業仰賴補助性收入，須審視其事業是否存在風險。

將經常利益加上非經常損益後，便得出稅前淨利，最後再扣除稅金，即為稅後淨利。

最重要的是營業利益

前面已從營業收入逐一扣除成本，一路看到稅後淨

圖表 3-3　經常利益大於營業利益的例子

TBS 控股				片倉工業			
【業績】(百万円)	売上高	営業利益	経常利益	【業績】(百万円)	売上高	営業利益	経常利益
連20. 3	356,796	13,103	21,274	連21.12	37,627	2,797	3,855
連21. 3	325,682	10,841	19,233	連22.12	34,274	1,369	2,582
連22. 3	358,269	20,346	30,707	連23.12	39,972	3,803	5,068
連23. 3	368,130	20,782	35,086	連24.12予	40,700	3,600	4,600
連24. 3	394,309	15,175	27,653	連25.12予	42,700	3,800	4,800
連25. 3予	400,000	16,500	26,100	連23.1~6	20,616	2,104	2,726
連26. 3予	415,000	18,000	27,600	連24.1~6予	20,300	1,700	2,300
連23.4~9	190,813	8,743	16,257	連23.1~3	10,700	1,051	1,259
連24.4~9予	190,000	9,000	15,000	連24.1~3	10,560	987	1,239
会25. 3予	400,000	16,500	26,100	会24.12予	40,700	3,600	4,600

紅框左邊為營業利益、右邊為經常利益。經常利益有可能會大於營業利益。
資料來源：《公司四季報》2024 年夏季號。

利。如圖表 3-2 所示，損益表的上方通常呈現營業收入，底部則顯示稅後淨利。

為了展現成長的一面，提升營業收入對企業來說非常重要。而稅後淨利常用於計算如本益比（Price-to-Earning Ratio，簡稱 PER）等指標，詳情我會在第五章說明。

雖然我前面大致說明了營業收入、營業毛利、營業利益等概念，但不必急著一次全部了解。**真正值得重視的是營業利益**。

例如，有時因災害影響而產生臨時性損失，導致稅後淨利變成赤字，媒體便可能強調虧損的消息。的確，災害的影響或許很嚴重，但**只要本業運作正常、仍有營業利益產出**，前途就不是一片黑暗。

在股市中，對於有合理原因的情況，投資人通常不會感到恐慌或焦急。相反的，**這種時候甚至可能是買進的時機**。然而，仍有不少投資新手受到媒體影響，慌張之下就賣出持股。

舉例來說，日本在 2011 年，光學設備製造商奧林巴斯（OLYMPUS）爆發財報造假醜聞，引發社會高度關注。當時股價暴跌，最低跌到 106 日圓。而該股票

第三章 股價為何漲跌？我不想虧錢

在 2022 年 9 月曾來到高點 3,198 日圓,等於漲了將近 30 倍。

媒體當時從各種角度,強調奧林巴斯可能下市等負面消息,但我沒有因此感到悲觀,原因在於奧林巴斯的內視鏡擁有全球七成的市占率。媒體忽略這樣的優勢,一味聚焦於財報造假的問題,加劇了許多人的不安情緒。

媒體的煽動,是導致投資人悲觀的典型例子。請不要忘記思考:媒體的報導與企業的經營狀況之間有什麼關聯?這才應該關注。

另外,媒體也經常只報導稅後淨利,讓人乍看之下以為企業的業績良好。但由於利潤是從營收中扣除成本後的數值,所以企業可藉由刪減成本暫時拉高利潤,這一點須留意。

接下來,我會說明關於成本的觀念。

5 營收下滑，獲利卻上升的股票

　　了解營收、利潤等流入企業的資金後，也要了解流出的資金。企業販售商品、產生營收的同時，一定也會產生成本，而成本可分為固定成本和變動成本。

1. 固定成本
　　與產量或營收無關，固定發生的費用。包括人事費或租金等，即使營收為零，也是維持事業所必須支出的項目。

2. 變動成本
　　隨著產量或營收而變動和發生的費用。包括原材料費、外包費、運費等，都是商品銷售或生產時所需的支出。若營收為零，這些費用便不會發生。

　　請參考下頁圖表3-4，橫軸為營收、縱軸為成本。固

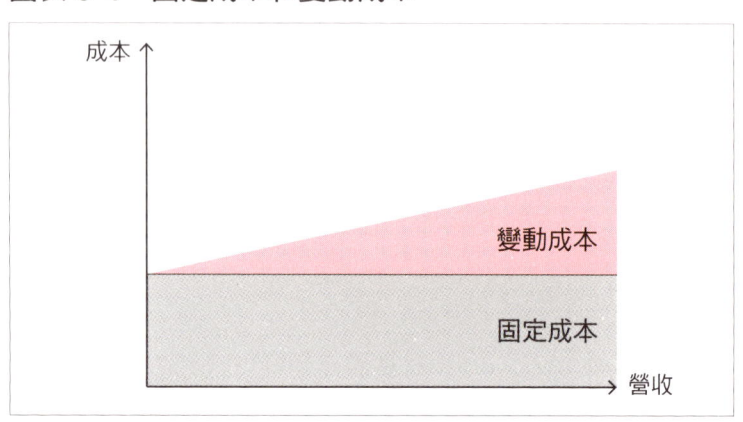

圖表 3-4　固定成本和變動成本

成本 ↑

變動成本

固定成本

→ 營收

固定成本與產量或營收無關,是固定會發生的費用;變動成本則會隨著產量或營收的變化而變動。

定成本無論營收增減,都是固定金額,例如,企業無法因為「本月營收較少」,就要求房東把租金降為零。相較之下,變動成本會隨著營收的增加而上升。

當固定成本的占比較高,營收較少時就容易出現虧損。反過來說,**若變動成本的占比較高,即使營收增加,獲利也較難提升**。固定成本與變動成本相加,便會得出「總成本」。

接下來我要介紹一個重要的概念,就是損益平衡點(見第 118 頁圖表 3-5)。這是指營收和成本相等的那一

點。假如營收和成本相同,企業既沒有獲利,也沒有虧損。營收高於損益平衡點時代表開始獲利,低於則是處於赤字狀態。

不過,想提高營收並不容易。那麼,該怎麼增加利潤?既然營收難以提升,可從降低成本著手。那又該如何降低成本?**與其調整會隨營收變動的變動成本,更明智的做法是降低固定成本。**

如下頁圖表 3-6 所示,固定成本降低後,損益平衡點也會隨之下降。這樣一來,即使營收減少,企業仍有機會獲利。

為何營收下滑,獲利卻上升?

你聽過「減收增益」這個詞嗎?顧名思義,指的是營收減少但利潤增加的狀態。這正是藉由降低損益平衡點,讓營收即使下滑仍能提升獲利。

商品或服務陷入銷售低迷,是任何企業都難以避免的情況。而在營收減少的局面下,**若想提升獲利,降低固定成本就是其中一個方法。**

例如,搬到租金更便宜的辦公室。在新冠疫情期間縮減辦公空間的企業,就是典型案例。只要降低成本的

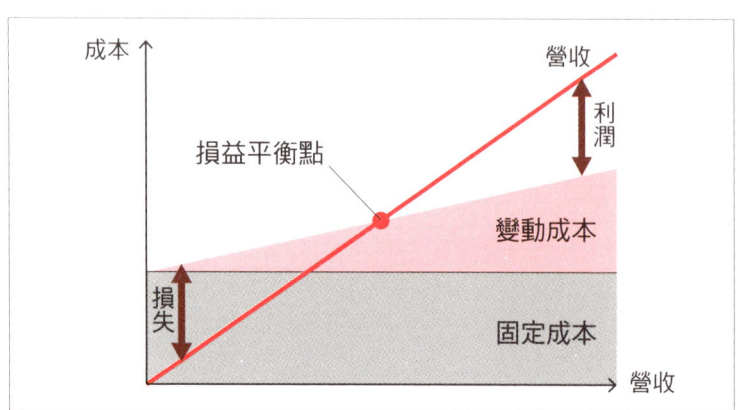

圖表 3-5　當營收高於損益平衡點，企業便會獲利

一旦超過損益平衡點，就開始獲利。

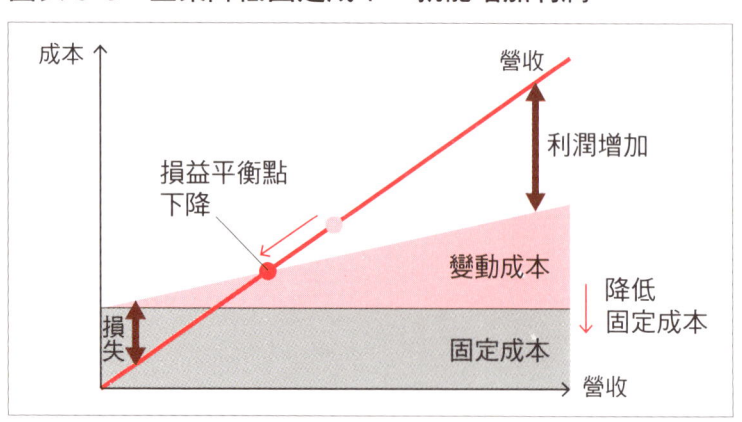

圖表 3-6　企業降低固定成本，就能增加利潤

只要降低人事費、租金等固定成本，就能增加利潤。

速度快於營收下滑的速度,兩者之間的差額就會變成利潤。即使從營收來看原本會虧損的情況,也有可能因此轉為獲利。

裁員也是降低固定成本的手段之一,也就是透過減少人力來降低人事成本。了解這個邏輯後,當你看到新聞提到企業裁員,就能明白其背後的目的。裁員後,為了維持原有利潤所需的營收門檻會降低。即使營收暫時下滑,企業也能透過裁員來維持獲利,而當營收回升時,更有機會創造出比以往更高的利潤。

我閱讀《四季報》時,**會特別留意「調整體質」這個詞**,這是指企業為了改善經營狀況,對公司內部結構、人力配置等進行改革。調整體質後,企業的損益平衡點往往會大幅下降,之後只要營收回升,獲利也會迅速提升。雖然「調整體質」在《四季報》中並不常見,卻非常值得關注。

有的企業原本業績惡化、獲利下滑甚至虧損,後來藉由調整體質使業績回升,讓股價從低檔反彈——我稱這類股票為「業績復甦股」(按:類似臺灣常說的「轉機股」)。你也可嘗試關注這類標的。

舉例來說,《日經新聞》在 2024 年 3 月 6 日的報導

中指出：「截至 2024 年 2 月底，日本上市企業的早期退休徵求人數已達 3,600 人，較 2023 年全年增加一成。在通貨膨脹壓力下，企業面臨持續加薪的需求，因而配合事業收益調整人力配置。（中略）隨著日本企業調整體質，人力流動正加速進行。」

目前為止，我提到削減成本的正面效益，但也可能帶來負面效果。

減薪就是其中一個典型例子。和裁員一樣，是為了降低人事成本的手段，但減薪可能導致員工的士氣低落。這種情況下，即使短期內利潤上升，從中長期來看，很可能造成不良影響。從經營的角度來看，真正有意義的裁員，是裁減冗員。**若想判斷企業是否存在人力過剩，可參考「每人營業利益」**。

例如，我是在 1990 年進入野村證券任職。當時正值日本泡沫經濟的高峰，和我同期的新進員工多達 550 人。然而，後來泡沫經濟崩潰，我們這批員工有不少人便成為冗員。

話雖如此，想從公司外部察覺是否存在人力過剩的問題，其實並不容易。所以要留意「每人營業利益」，它是**以營業利益除以員工人數所計算出來**，透過這個數

字,可看出每位員工的實際獲利能力。

不妨將你關注的企業與同業比較,評估其每人營業利益。例如,來看看歐姆龍(OMRON)的每人營業利益。這家公司以工廠自動化為核心,從事控制設備與電子零件業務。將其營業利益除以員工人數,即 1,006 億 8,600 萬日圓 ÷ 2 萬 8,450 人,約為 353 萬日圓。這就是歐姆龍的每人營業利益。

接著,來計算同業的每人營業利益:三菱電機約為 220 萬日圓、安川電機約為 509 萬日圓,而基恩斯則高達約 4,029 萬日圓。與歐姆龍相比,安川電機的表現看起來更好,但基恩斯的數據更是遠遠領先。

6 速讀資產負債表

在這一章的最後，我會介紹「資產負債表」——顯示企業持有的所有資產和資金來源的財務報表。下頁圖表 3-7 是資產負債表的簡易範例，但要一眼就懂是件難事。我會依序解說。

又如下頁圖表 3-8 所示，資產負債表的結構以左右分欄的方式呈現。右側顯示的是資金來源，左側則列出資金的運用方式。首先看右側，資金來源（資金的籌措方式）分為兩類：股東權益和負債。

・股東權益：透過發行股票等方式自行籌措的資金，加上企業自身賺取的獲利總和。
・負債：透過向銀行借款或發行公司債等方式，向外部籌措的資金。

假如，有企業以 50 萬日圓的股東權益，加上另外向銀行或汽車貸款借來的 50 萬日圓，購買了一臺價值 100

圖表 3-7　資產負債表記什麼（一）

資產	負債
流動資產 ● 現金及約當現金 ● 應收帳款 ● 存貨 ● 金融資產等 **非流動資產** ● 土地 ● 建築物 ● 機器設備 ● 無形資產等	● 短期借款 ● 應付公司債 ● 應付帳款 ● 應付退休金等 **股東權益** ● 股本 ● 保留盈餘等

資產負債表會記載關於企業資產的所有數字。

圖表 3-8　資產負債表的左右兩邊寫什麼

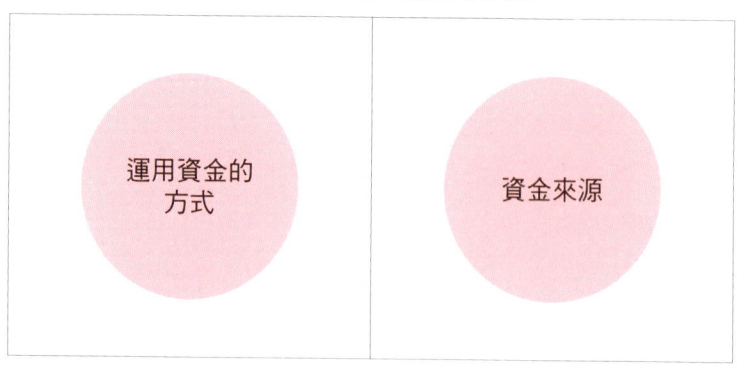

運用資金的方式　　　資金來源

資產負債表會寫上運用資金的方式和資金來源。

萬日圓的二手車。那麼在資產負債表的右側，會分別記載「股東權益：50 萬日圓」與「負債：50 萬日圓」。

接著，在資產負債表的左側會記載「運輸設備：100 萬元」。為什麼這會顯示在左側（資金的運用方式）？因為那 100 萬元是透過股東權益 50 萬元與負債 50 萬元所籌得，最終轉換為資產（見第 127 頁圖表 3-9）。就像這樣，**資產負債表左右的金額會達到平衡。**

此外，資產又被分為流動資產與非流動資產（固定資產）。

・流動資產：短期內（通常一年以內）易於變現的資產，包括現金、銀行存款、應收帳款及有價證券等。
・非流動資產：長期（一年以上）持有並使用，且變現所需時間較長的資產。包括土地、建築物及機器設備等。

例如，前面提到價值 100 萬元的二手車，會被認列為固定資產。

那麼，當企業產生獲利時，資產負債表上會如何呈現？增加的部分會反映在資產負債表右側的「保留盈

餘」,指企業累積的淨利中,扣除股利發放等對外分配後,留下的資金總額。

這些概念或許有點難以理解,所以我以個人的資金比喻。

假設一個人從學校畢業後進入職場工作。那麼,學生時代的兼差收入、壓歲錢及其他儲蓄,在資產負債表上可視為「股本」(原始投入資金)。

而薪水屬於流動資產;從薪水中扣除生活費等必要開支後剩下的錢,若能一點一滴累積起來,就相當於「保留盈餘」(不過,企業的保留盈餘不僅限於現金)。這就是保留盈餘的基本概念。保留盈餘會記錄在資產負債表上的股東權益裡。

當企業須籌措更多資金,可透過發行新股票募集。新籌措來的資金,通常會用於導入系統、建設總公司等投資。

這些資金會列在資產負債表的左側,例如,系統以「無形資產」、總公司大樓以「建築物」來記載。若企業選擇將資金保留為現金,也會以「現金及當約現金」列在左側。其中,「建築物」屬於非流動資產,「現金」則屬於流動資產。(見右頁圖表 3-10)。

圖表 3-9　以購買 100 萬日圓的二手車為例

運輸設備 100 萬日圓	負債 50 萬日圓
	股東權益 50 萬日圓

左右的金額會相等。

圖表 3-10　資產負債表記什麼（二）

資產	負債
流動資產 ● 現金及約當現金 ● 應收帳款 ● 存貨 ● 金融資產等 **非流動資產** ● 土地 ● 建築物 ● 機器設備 ● 無形資產等	● 短期借款 ● 應付公司債 ● 應付帳款 ● 應付退休金等 **股東權益** ● 股本 ● 保留盈餘等

以股東權益比率 30% 以上為標準

是不是覺得越來越複雜了？請放心，對於投資經驗尚淺的人來說，只要先看「股東權益比率」（自有資本比率）就足夠了（詳見第五章第三節）。

股東權益比率是指企業總資產中，股東權益所占的比例。我用前面提到的汽車例子來說明：

價值 100 萬日圓的二手車，是以 50 萬日圓的股東權益，加上另外向銀行或汽車貸款借來的 50 萬日圓購入，也就是說，股東權益比率為 50％。假設股東權益占 10 萬日圓、借款 90 日圓，那麼股東權益比率就是 10％。

上市企業的股東權益比率平均約為 50％，多數落在 30％ 至 70％ 的範圍內。股東權益比率達到 70％ 以上的企業，被認為財務非常健全，但在日本，只占整體約 15％。不過，作為財務健全度的參考標準，只要記得「**股東權益比率達 30％ 以上**」就可以了。

企業的股東權益比率越高，被視為財務體質越健全。 由於負債較少，所以企業較不易受到外部影響，能持續經營。股東權益比率高的企業主要依靠自身資金營運，因此風險較低，獲利也較穩定。

比喻成一般家庭的情況，就能更容易理解：即使年

收入很高、住在豪宅裡,且總資產達 3 億日圓,但如果有 2 億 5,000 萬日圓的房貸,這個家庭的財務狀況就稱不上健全。對企業來說,道理也相同。

股東權益比率並不是高就好?

另一方面,外國投資人不一定偏好股東權益比率高的企業。

股東權益比率高,代表企業經營保守穩健、穩定獲利。但有的投資人**期望企業能活用負債以擴大事業、藉此獲取更多利潤**。因為他們認為,透過增加借貸來投資與擴張事業,有助於提升股東利益。

以下說明實際案例。例如,軟銀集團為了擴大事業版圖,採取積極舉債的策略,股東權益比率僅 23.9%,屬於偏低水準。但透過大規模投資與基金營運,來追求高報酬。一旦成功可以帶來龐大利益,但若失敗,也可能遭受重大虧損。

另一方面,迅銷的股東權益比率為 57.4%;信越化學工業則高達 82.7%。

信越化學工業在聚氯乙烯(Polyvinyl Chloride,簡稱 PVC)與半導體用矽晶圓方面,皆擁有全世界市占率第

一的地位。PVC 廣泛用於住宅排水管、雨水導管與電線絕緣材料等處，日常生活中不可或缺；而此企業生產的矽晶圓，甚至被評價為「沒有信越化學工業，根本製造不出半導體」。

不過，有一點別忘了，那就是身為一名投資人，你必須清楚自己重視什麼。

舉例來說，股東權益比率高的企業，雖然財務體質穩健、風險較低，但對你來說未必是好的投資標的。畢竟，投資沒有標準答案。如果有 100 位投資人，就有 100 種選股方式。

股票投資本身就存在虧損的風險。如果你無法接受不僅虧損，甚至企業倒閉、股票化為烏有的情況，那麼應該將「財務健全性」列為優先考量。相反的，若你追求高報酬、願意承擔風險，或許會覺得像軟銀集團的企業很有吸引力。

在下一章，我會分享開始投資前，須掌握的心態以及面對資訊的方法。首先，會從投資人應該具備的核心觀念——選擇投資風格（投資方式）談起。

第三章 股價為何漲跌？我不想虧錢

> **投資小知識**

如何查詢企業財報？

以「台灣股市資訊網」為例，在首頁輸入想查詢的個股代碼後，可在左方的「財務報表」欄位下點選「資產負債表」、「損益表」和「現金流量表」。

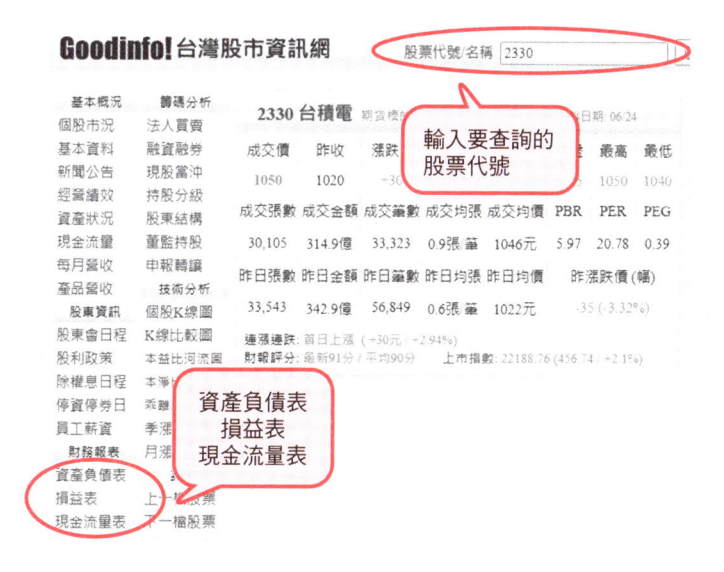

資料來源：台灣股市資訊網。

第四章

進場基本功，
下單前必讀

第四章　進場基本功，下單前必讀

1 5種必漲潛力股

　　你是否想過：「我究竟想買什麼樣的股票？」這世上，有各種不同的投資風格。有人希望股價能在短時間內大幅上漲；有人想找可以長期持有、當成穩定資產的股票；有人希望買股票時，可盡量降低風險。

　　就像這樣，投資風格五花八門、因人而異，因此，應該依照自己認同的風格來投資。其中，也有人不以獲利為主要目的，比如，想獲得贈送給股東的折價券或商品而買入股票，或為了得到高配息而買入高配息股，又或是想選擇大型企業股票、投資像豐田這樣知名度高的企業。

　　此外，還有著眼於被低估價值的標的、追求具成長潛力的成長股、聚焦業績反彈的業績復甦股，以及根據股價線圖操作的技術派投資。每種投資風格重視的面向不同，因此應關注企業的重點資訊也有所差異。

　　然而，剛開始投資股票的小白，多半不知道有什麼樣的股票。所以我在介紹相關資訊時，會將有潛力的企

業股票分成以下 5 個類別：

1. 中小型成長股：有機會讓股價翻漲 10 倍的企業

指中小企業中，營收可望急速成長的標的。雖然不如大企業穩定，但由於企業或業務的規模和市值較小，且將來的業績可望增加，因此具備成長的空間。

就如第一章提到的，索尼、軟銀集團等，現在足以代表日本的大企業，在剛上市時也只是小公司。許多 10 倍股就是從中小型成長股當中誕生。

2. 業績復甦股：股價可望藉由 V 型反彈提升的企業

指業績可能從赤字或接近赤字的狀態中，恢復的企業股票。

這類股票通常在經濟低迷後出現，不常存在於市場中。但在 2023 年後，業績受到新冠疫情影響而暫時下滑的企業，就被視為業績復甦股而備受矚目。即使沒有成為 10 倍股，股價的成長仍值得期待。創造「10 倍股」一詞的投資大師彼得・林區（Peter Lynch）也說：「應當鎖定中小型成長股和業績復甦股。」

3. 績優股：以強大獲利能力自豪的獨特企業

指獲利能力強的企業股票。**這種企業的業績、營收、獲利，甚至整體經營狀況都很穩定**，因此股價可望穩健上漲。另外，其關鍵在於「**獨特**」，例如擁有獨家技術，其他公司難以模仿，因此幾乎沒有競爭對手，能持續創造利潤。第二章提到「獨占」的優勢，而在業界中擁有領先市占率，或獨占利基市場的企業，就屬於績優股。

4. 價值股：股價被低估、具備上漲潛力的企業

指股價被低估的企業股票。股市裡，對「低估」的定義有多種說法，在本書中，是以股東權益，以及現金、不動產等資產的價值作為基準，判斷股價是否被低估。這類企業的特徵是**手上資產充足，就算景氣不佳，股價也較不容易持續下跌**。雖然成長性可能有限，但具備安全性，被許多投資人視為能安心入手的標的。

5. 老字號股：能突破危機的長壽企業

指長壽企業的股票。這些企業擁有堅強的實力和實績，撐過戰爭、泡沫經濟崩潰、市場重組（譯按：股票市場重新劃分的措施，比如東京證券交易所在 2022 年，

將原本的東證一部、東證二部、Mothers、JASDAQ 這四個板塊，改為 Prime、Standard 及 Growth）等危機，適合想長期持有股票的人。

日本有句話叫做「企業 30 年說」，意指企業的平均壽命。根據東京商工調查的資料指出，2023 年倒閉企業的平均壽命為 23.1 年。並非超過百年歷史才能稱為老字號股，如果生存的歲月能超過企業平均壽命，就很值得關注。

這些企業通常擁有難不易受景氣左右的商品或商業模式，以及面對變化的適應力與穩健經營能力。

不能單憑主觀判斷

日本在近年來，「推」這個詞逐漸被廣泛使用。原本多用於追星粉絲之間，指「喜歡到想要推薦給別人的人事物」。我覺得這個概念也可應用在投資股票上——即使不特別看重業績或成長性，也可因純粹想支持某家企業而買進它的股票，當作自己的「推股」。然而，假如想靠股票投資獲利，光靠這份心意仍然不足。

我至今仍偶爾會想起自己的失敗經驗。這是我首次找到 C2 Network 這支 10 倍股之前不久發生的事。

第四章 進場基本功，下單前必讀

1998年，日本進入通貨緊縮。關於通貨緊縮，可參考第一章的說明。如今「通貨緊縮」這個詞早已成為常識，不過當時這個詞剛出現在社會上時，包含我在內的大多數人，完全不懂通貨緊縮是什麼。儘管日本在之前經歷過通貨膨脹，卻從未真正經歷過通貨緊縮（反過來說，由於通貨緊縮長期持續至今，所以現在的日本有許多人不太理解通貨膨脹）。

在通貨緊縮的時代，有些企業靠降低單價以吸引大量顧客的方法增加營收，這類企業因通貨緊縮而受惠，備受市場肯定。當時我沒有察覺到，其實 C2 Network 也屬於受惠股。

除此之外，唐吉訶德（現為泛太平洋國際控股〔Pan Pacific International Holdings〕）以「省錢殿堂」的廣告標語聞名，也是典型的受惠股。我的失敗就與這家企業有關。

當時我還任職於野村證券，並曾推薦客戶買進唐吉訶德的股票。當時的唐吉訶德在日本僅有五、六家分店，其中一家開在我母校附近，所以我決定親自去門市看一看。

去過唐吉訶德的人應該了解，該店家陳列商品的方

式很獨特。他們採用「壓縮陳列」的手法，將商品堆到接近天花板，而且當時的陳列感覺比現在更狹窄。我有輕微的幽閉恐懼症，且店內感覺就像校慶的鬼屋一樣陰暗，所以我對這家店沒有留下好印象。因此，後來我也建議客戶賣出股票。

不過……就如大家所知，唐吉訶德後來大幅成長，股價漲了 10 倍以上，我卻錯過了這個難得的機會。

我從這次失敗中學到的教訓，就是**不能單憑自己的主觀判斷**。假如是前面提到的「推股」，單純因為想支持某家公司，那麼憑主觀選股也無妨。但若終究要追求利益，就不能只靠個人感覺。

經濟學家約翰・凱因斯（John Keynes）曾提出「選美理論」，將投資比喻為選美比賽，投資人須從許多參賽者中，猜出由誰奪冠。換句話說，不是選擇自己眼中的美女，而是客觀選出大多數人覺得最美的人。同理，與其選只有自己看好的標的，不如選大家都會買的股票，因為買的人越多，股價越有機會上漲。

改變投資風格也沒關係

投資風格並非決定後就不能改變。身為投資人，隨

著經歷過各種事並深入學習,調整投資方式是再自然不過的事。

我原本偏好投資價值股,但在通貨緊縮來臨後,價值股的股價就很難上漲。雖然股價確實被低估,能便宜買進,卻缺少讓股價上漲的契機。後來,從 2015 年左右開始,我意識到 10 倍股的運作邏輯,便開始喜歡可望成為 10 倍股的中小型成長股,投資風格也因此轉變。

其實我從軟銀集團、迅銷和宜得利(NITORI)還是中小型成長股的時候,就開始關注這些公司了。然而,我注意到中小型成長股的魅力前,就只重視大企業,所以網路公司 CyberAgent 和服飾網購公司 ZOZO 之類的企業上市時,我搞不懂哪裡好,就這樣錯過了。

這些公司的股票後來都急速成長,現在想想,我錯失了好幾次良機。

正因為有這些經驗,所以我現在更加積極關注新興企業。任何時代都會出現野心勃勃的公司,並逐漸變成大企業。這樣的過程始終不曾改變。

另外,我有段時間熱衷於股東優待制度。這是指在財報結算日持有一定股數的股東,除了股利之外,企業還額外提供自家商品、折價券、優惠券或當地特產等。

經常出現在電視節目中的投資家桐谷廣人，就是活用這項制度的代表人物（按：有別於日本盛行的股東優待制度，臺灣部分企業則是發放股東會紀念品，作為回饋股東的方式）。

在東京的商業重鎮丸之內，有一家知名的餐廳叫做東京會館。2004 年 3 月，我在《四季報》上看到：「餐廳以股東優待（提供價值 1 萬日圓的餐券）為主軸，積極開拓個人顧客。」時，感到非常震撼。

當時東京會館的股價約為 140 日圓，買進 1,000 股只需要 14 萬日圓，卻能獲得價值 1 萬日圓的餐券，等於約 7％ 的報酬率。

後來，我也陸續享受了各種股東優待，像三光食品營銷（SANKO MARKETING FOODS）是第一家以包廂式居酒屋上市的企業，提供的股東優待是 2 萬日圓的餐券或 10 公斤白米；或音樂事業公司愛貝克思（avex），會舉辦股東專屬的演唱會等。

2 分散投資要多「散」？

在股票投資當中有一項基本原則，那就是「分散投資」。這是一種管理風險的觀念，因為股市定期出現暴跌，其實很合理且常見。有些人會把所有財產投資在同一家公司上，但分散投資是基本原則，所以建議將資金分散到多個標的。

即使你現在才開始準備投資，也應該從一開始就進行分散配置。重點是不要只買一檔股票，而是一開始就投資多個標的。即使從 30 萬日圓開始起步，也可以將資金布局到 5 檔股票；就算只有 10 萬日圓，也能布局在 3 檔左右。

不過，分散投資並非越多越好。說得極端一點，一旦過度分散，就會跟指數型投資沒兩樣。我在複眼經濟塾裡，會**建議學員將資金配置到 20 檔股票上**。假如把資金平均分配到每一檔股票，即使其中一間公司倒閉、價值歸零，對整體影響只有 5％ 的損失。另一方面，假如其中一支股票成長為 10 倍股，就足以彌補其他虧損。

20 檔股票對於須同時兼顧工作、育兒與家務的投資人來說，也不算難以管理。反過來說，只持有 20 檔個股的基金，其實並不多見。

　　分散投資可分為股票分散和時間分散兩種類型，這兩種方式應該同時執行，而不是比較哪一種才好。

1. 股票分散

　　本書提到「分散」時，基本上指的是股票分散，就如前面說明的一樣，是將投資投入到多檔股票上。

2. 時間分散

　　又稱為「平均成本法」（Dollar Cost Averaging），指每隔一段時間，便投入固定金額來買股票，以分散買入時間，降低價格波動帶來的風險。時間分散可望藉由長期投資，自然達到降低風險的效果。而長期投資也是股票投資中非常重要的觀念，我會在下一節說明。

第四章　進場基本功，下單前必讀

3 長期買進要多「長」？

前一節中，我提到分散投資。其中的時間分散，就是拉長投資期間的方式。股票投資可分為短期投資和長期投資。

首先，請記住一項鐵則：長期買進也是股票投資的基本。相信任誰多多少少都有貪念或欲望。這世上確實存在億萬富翁，其中有人只花幾個月至幾年，就將資產翻了數百倍。某些人會羨慕他們，我也可以理解。

然而，可惜的是，像這樣迅速累積龐大資產，往往缺乏「再現性」。原因在於股市就像活生生的生命體一樣，不斷變化。

舉例來說，請回想一下 2019 年，新冠疫情爆發之前的情況。當時有人預測到新冠疫情會帶來的混亂，或股市將出現劇烈的變化嗎？在新冠疫情以前靠短期投資獲利的人，在疫情期間甚至是疫情結束後，則難以用相同方法再賺到錢。

換句話說，短期投資的成功，往往是剛好在對的時

機奏效。就算學到投資方法,也沒有人能掌握時機。因此,我始終強調:長期投資也是股票投資的基本。

「長期」沒有明確的定義

那麼,**長期投資的「長期」,指的是多長的期間?** 其實,這段時間沒有明確的定義。我持有的股票中,有些持有長達 10 年以上,有些則是持有 3 個月內就賣出。

而**景氣循環的完整週期大約是 3 到 5 年**,這也可作為衡量持有時間的依據。景氣具有在繁榮與蕭條之間反覆循環的特性,繁榮→倒退→蕭條→復甦→繁榮……就像這樣循環下去。

有一種週期稱為「基欽週期」(Kitchin Cycle),以 4 年左右為一次循環。這種週期又稱為「短期週期」或「存貨週期」,與企業對庫存的投資相關。企業會不斷調整庫存,當庫存過多時,就減少生產;當庫存不足時,則增加生產。這種庫存的增減,也會影響到供應鏈上的其他企業,導致整體經濟的擴大和縮小。

另外,還有以 10 年為一次循環的「朱格拉週期」(Juglar Cycle)、以 20 年為一次循環的「庫茲涅茨週期」(Kuznets Cycle),以及以 50 年為一次循環的「康

波週期」(Kondratieff Cycle)等。

所謂的「週期」,其實並不特別。我們的生活當中,就充滿許多相關的例子。像是春夏秋冬的季節更替、4年一次的閏年、天干地支等。

話雖如此,將週期作為投資基準,也只是其中一種思考方式。不必非得持有股票3至5年,說得極端一點,假如1個月後股價急劇上漲,想獲利了結,那當然也可以賣出。

應該多久檢視一次持有的個股?

雖然長期投資是基本原則,但**應該多久檢視一次持有的個股才算適當?**相信很多人會擔心,在忙於工作、育兒、家務的同時,能否兼顧投資股票。

在此,我想再次提起彼得・林區。彼得・林區是美國具代表性的投資家,被譽為「10倍股獵人鼻祖」。他從1977年起,任職於富達投資公司(Fidelity)達13年,管理旗下「麥哲倫基金」(Magellan Fund),讓其基金淨值成長了將近28倍,成為傳奇的基金經理人。

這位投資家創造如此驚人的成績,那他是否時時刻刻盯著股市,總是在腦中思考投資的事?答案是「不」。

彼得・林區曾提到，他通常**每 2 到 3 個月會檢視一次持股狀況**。

當然，假如你有興趣，頻繁查看股價也沒關係，這本身不是什麼壞事。不過，許多讀者可能須投入大量時間在工作、育兒或家務上，想在忙碌中擠出時間來關注股票，並不太容易，而且如果太過在意，也會影響到工作與生活。

每 3 個月檢查一次的頻率，非常合理。後面會提到，我認為股票投資的必備工具就是《四季報》，而它正是每 3 個月發行一次，且企業的每季財報也是每 3 個月公布一次。只要根據時機，每 3 個月查看一次財報和《四季報》，其他時間無論是專心工作、好好陪伴孩子，甚至整天睡覺也沒關係。

賣出時機取決於故事

接著我想說明，關於賣出股票的時機。彼得・林區曾提過這個概念：**當原先預期的情勢轉變，就是該賣出的時機**。這是什麼意思？

很多人會認為「股價上漲就賣出、下跌就買進」，但對我或彼得・林區來說，就樣的想法並不正確。前面

第四章 進場基本功，下單前必讀

　　我談到投資風格，我認為每個人應該根據自己的投資風格，描繪出「股票會如何成長」的故事。而賣出的時機，就是故事不再成立、預期發展變調的時候。

　　舉例來說，若你是因為想領到股東優待而投資某檔股票，當公司宣布取消優待制度時，就代表當初的投資理由已不成立。像是有不少人為了股東優待，而買進東方樂園的股票，假如有一天東方樂園取消股東優待制度，對許多股東來說，故事就變調了，屆時就是賣出的時機。而隨著大量股東賣出，股價也可能因此下跌。

　　在第二章中，我提到自己特別關注表示燈這家企業。我對此描繪的故事是：「如果車站或商業設施內的導引看板改為數位看板，並在上面投放廣告，業績不就會成長？」然而，若其他業者推出比它更優秀的導引系統，這家公司原本的市場獨占地位可能就會動搖，投資故事無法如預期發展。

　　從這個角度來看，重點在於描繪了什麼樣的故事，以及是否牢記內容。這個故事是否仍在延續？若沒有，那發生了什麼事？為了掌握這些變化，建議你善用每3個月出版一次的《四季報》，以及企業每季公布的財報資訊，定期檢視與追蹤。

第四章　進場基本功，下單前必讀

4 破解《四季報》，年年找到飆股

　　我認為，投資股票時最有力的工具就是《四季報》。我想解釋《四季報》有多麼優秀。

　　對於曾讀過《四季報》的人來說，接下來提到的基本資訊，或許早已耳熟能詳。但我作為已經連續閱讀《四季報》二十幾年，並與歷任主編與編輯部都有深入交流的投資人，我相信我能提供一些獨特的觀點。

　　日本的《四季報》，由東洋經濟新報社每年發行4次，是針對日本上市公司進行採訪並收錄其資訊的出版品。其強項在於具備持續性、完整性與前瞻性。

1. 持續性，了解歷史的脈絡

　　日本《四季報》自創刊以來，除了二戰期間及戰後中斷，至今已有約90年的歷史。換句話說，不僅能從最新版掌握當前經濟概況，還能回溯歷年資料，了解過去的產業樣貌（按：臺灣《四季報》於1989年創刊）。

差不多開始投資了

2. 完整性，掌握經濟全貌

　　截至本書撰寫時，日本最新版的《四季報》（2024年秋季號）共收錄了 3,926 家上市公司的業績資料。放眼世界，能涵蓋一國上市企業的出版物，只有《四季報》做得到。

　　我經常將《四季報》比喻為「股票的型錄」，就像翻閱一般的商品型錄，你可以一頁一頁翻看，思考要買哪支股票。而這樣的閱讀與選股方式，正是因為有這部寶典，才得以實現。

　　你聽過「蟻丘」這個詞嗎？這是指螞蟻將泥土一點一點堆積起來，所形成的丘狀巢穴。如果我們只觀察螞蟻，便只會看到牠們在搬運沙粒，無法了解牠們在做什麼。但若把視角拉遠、觀察整體，就會發現小小的沙粒，正堆積成巨大的蟻丘。

　　現在，請把一隻隻螞蟻當作一家家企業。當你只看其中一家公司，看到的只是該公司的動向與業績。但若將這些公司合起來一同觀察，整個經濟的全貌便會逐漸浮現。

　　順帶一提，觀察個別企業（螞蟻）的動態，在經濟學上稱為「微觀」；而觀察整體經濟全貌（蟻丘），則

第四章 進場基本功，下單前必讀

稱為「宏觀」。當無數微觀累積起來，就構成了宏觀（見圖表4-1）。

此外，上市公司往往是各個業界的代表性企業，甚至將事業拓展到海外。透過閱讀《四季報》，掌握這些企業的動態，不僅能了解本國經濟，甚至可以進一步掌握全球經濟。這正是從微觀出發，看見宏觀的全貌。

你或許會懷疑：「這只是介紹本國上市企業的刊物，真的能掌握到全球經濟的動向嗎？」答案是：其實可以。

舉例來說，像日本郵船、商船三井這類從事國際海

圖表 4-1　從《四季報》了解經濟的全貌

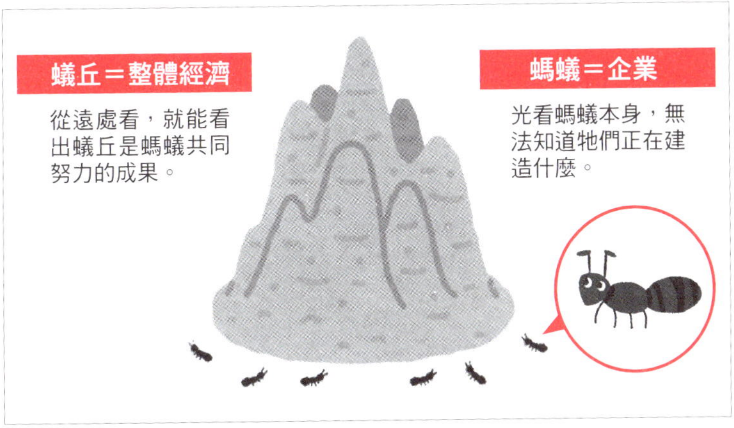

蟻丘＝整體經濟
從遠處看，就能看出蟻丘是螞蟻共同努力的成果。

螞蟻＝企業
光看螞蟻本身，無法知道牠們正在建造什麼。

微觀累積起來，就成了宏觀。

運的企業,其貨運動態就被視為景氣的先行指標(用來提早判斷景氣循環轉折點的觀察工具)。假如貨運流量減弱,就意味著景氣可能轉差;假如貨運活躍,則會知道景氣正在改善。

3. 前瞻性,預見未來

從 2009 年 3 月會計年度起,日本上市企業被強制採行季報制度,也就是每三個月公布一次財報。如今,一年公布 4 次財報已成為常態。但事實上,《四季報》早在 1936 年創刊、企業尚未有季報制度時,就已採取一年出版 4 次的發行頻率。光是這一點,就稱得上具備卓越的前瞻性。

此外,《四季報》還會獨家刊登業績預測。這種洞察未來的前瞻性,也可說是四季報創刊以來就有的傳統。

有些人會覺得《四季報》的預測不準,這樣的看法或許有道理,但我認為,原本的觀點可能就不對了。因為這個出版品並非用來判斷是否準確,重點在於是否加以活用。

單憑一個人預測《四季報》所涵蓋企業的業績,是

不可能的任務。而日本《四季報》編輯部，動員了超過120名記者，分工採訪上市公司並撰寫相關資訊。只要讀完整本，相當於吸收了120位記者的智慧精華。我已經連續讀完《四季報》長達28年。這麼一算，等於吸收了120名記者×28年＝3,360年的智慧。換句話說，我宣稱自己有三千多年的見識與眼光，好像也不為過。

正因如此，《四季報》不該以「準不準」的角度評斷，而是要思考怎麼閱讀與應用，這才是考驗。

善用網路

在過去，散戶很難取得財報數據，但隨著網際網路普及，如今已能輕鬆查閱。日本有個好用的網站叫做「TDnet即時公開資訊查詢服務」，在這個網站上，投資人可以查閱企業公布的財報資訊。

我每天都會瀏覽，但如果你無法每天追蹤，至少在財報發布時，確認持有的個股是否有重要資訊。例如，日本約有六成的上市公司，以3月底作為會計年度的結算日，財報分別會在每年的5月、8月、11月與翌年2月公布。

善用這些時間點，即便只是簡單瀏覽財報，並順便

差不多開始投資了

掌握其他潛力個股的動態,對投資也很有幫助(按:台股上市櫃公司其第一季至第四季財報,分別於5月15日、8月14日、11月14日,以及隔年3月31日前發布。臺灣讀者除了參考《四季報》,也可在「台灣股市資訊網」網站上查詢企業財報,操作方式見第131頁投資小知識)。

此外,有關金融方面的資訊,無論如何都很難避免出現偏頗的情況。

比如,有些人會透過東京電視臺的節目《蓋亞的黎明》,了解企業成長的故事,或藉由同一家電視臺的另一個節目《新聞早晨衛星》追蹤每日最新資訊,並閱讀《日本經濟新聞》、《日經商業週刊》。這些資訊來源確實值得信賴。不過全都屬於日本經濟新聞體系,也就是說,獲得的資訊不會脫離日本經濟新聞社的框架。

在閱讀報紙時,我會同時閱讀《日本經濟新聞》和《東京新聞》,這兩家媒體的觀點截然相反。我認為,保持這樣的意識非常重要。

順帶一提,我很愛看一本叫《月刊Mu》的雜誌,它的行銷文案是「一本挑戰世界之謎和不可思議現象的超級神祕雜誌」,跟以理性分析為主的股票投資世界可說

第四章　進場基本功，下單前必讀

是完全相反。

另外，蒐集資訊的原則在於「聚焦」。人們試圖獲取資訊時，常會不自覺的想擴大範圍。但如果範圍太廣，反而讓人不知道該相信什麼。

你該相信自己描繪的故事，所以投資人必須具備獨立思考的能力。以社群媒體為例，與其追蹤大量帳號來蒐集資訊，不如聚焦在值得信賴的媒體與個人上，或把社群平臺當成發聲的工具也沒關係。

下一章開始，我會說明如何分析股票。這套系統化的方法，源自我多年的研究經驗，並結合在複眼經濟塾與學員長期交流的成果。

第五章

沒時間研究？
選股有訣竅

1 選股流程 8 步驟

　　我已經在第三章和第四章中,介紹股票投資中所需的基本知識,包括營收、獲利、投資風格與資訊來源等。而在這一章,終於要開始談論分析股票時,應具備的觀念與視角。

　　你不必統統背下來,我已將流程分成 8 步驟,並整理如下:

・質性分析:洞察企業的強項。
・健全性:判斷企業的財務狀況是否穩健。
・持續性:企業今後也能持續生存嗎?
・業界的營收和利潤規模:掌握業界整體的營收與獲利規模,取得評估標準。
・企業的營收和利潤規模:看出企業的成長性與獲利能力。
・股票殖利率:企業是以回饋股東為主,還是重視再成長?

- 線圖：理解股價的波動趨勢。
- 企業估值：別被「股價低估」的陷阱騙了。

　　這些資訊可透過《四季報》掌握。雖然有些資訊也能從其他來源確認，但以完整性而言，《四季報》仍最為優秀。因此，本章會以《四季報》為基礎加以說明。

2 從《四季報》看出企業強項

假設你現在正在找工作,會特別關注企業的哪些地方?相信你應該會確認各種細節,包括年薪、公司所在地,或是否需要外派等。其中,絕大多數的人都會確認:這家企業是做什麼的?

判斷企業的業務內容和特色,就稱為「質性分析」。或許看起來理所當然,但這一步驟不容小覷。企業從事的業務類型、所處的發展階段,這些資訊可說是「企業的自我介紹」,是投資人認識它的第一步。

關於質性分析,以日本的《四季報》為例,應特別留意的是 A、B、D 三個區塊(見下頁圖表 5-1)。

企業名稱與股票代碼

讀《四季報》時,通常最先看到的資訊是企業名稱(股名)和股票代碼(圖表 5-1 的 A 區塊)。

在日本,股票代碼(日本稱為「證券代碼」)是由證券代碼協議會,針對日本的上市股票與上市證券設定

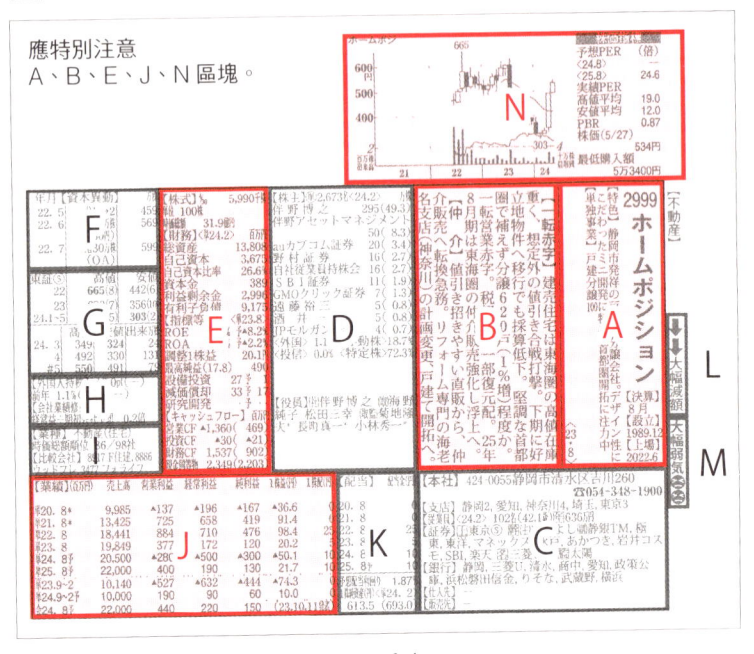

圖表 5-1　日本《四季報》的區塊劃分

應特別注意
A、B、E、J、N區塊。

資料來源：《公司四季報》2024 年夏季號。

的識別碼。這些代碼原則上是依照產業別劃分，例如：13XX、14XX 是水產、農林業；15XX 是礦業；16XX 是礦業（石油／天然氣開發）；1700 至 1900 是建設業等，這些產業大都給人傳統、沉重的印象。

2XXX 是食品業；3XXX 是零售業與紡織製品業，

第五章　沒時間研究？選股有訣竅

在日常生活中常見、容易接觸到的企業，會出現在這些分類裡。接著，4XXX 是化學、藥品；5XXX 是資源、原物料；6XXX 是機械、電機；7XXX 是汽車、運輸機械；8XXX 是金融、商業；9XXX 是運輸、通訊、廣播、軟體。

（按：臺灣的股票代碼是由臺灣證券交易所編配，依產業、掛牌順序與歷史因素混合編排，早期較會依產業分類，如 23XX 幾乎都是電子業，近年則已不再嚴格對應。）

從 2024 年 1 月起，日本的證券代碼加入了英文字母。以前，屬於同一產業（水產、農林業）的公司會排在一起，像是極洋（1301）之後會接日水（1332），不過現在的《四季報》當中，極洋的下一個是 Veritas In Silico（130A），這家公司屬於醫藥品產業。因此，未來代碼的分類邏輯很可能會出現重大改變。

另外，《四季報》也會標記企業上市的年分與月分（按：臺灣《四季報》會標註上市櫃的年分與日期）。**若你正在挑選中小型成長股，不妨特別留意上市是否未滿 5 年**。

就像第三章提到，企業上市的主要目的是吸引更多

人買股票,進而籌措資金。而對剛上市不久的公司來說,通常是想利用募集到的資金來拉高營收和獲利。

企業也和人類一樣會不斷成長。但隨著時間推進,成長的速度會逐漸放緩,最終進入成熟期。若企業想在成熟期之後再次邁向成長、挑戰全新的業務,就需要資金。因此,「企業上市是否未滿 5 年」,是企業再成長的觀察點。

從記者的眼光檢視企業

若想快速了解企業的優勢,就要**注意「世界第一」、「業界第一」、「市占率○成」、「獨家技術」這類正面關鍵詞**,千萬別錯過。這個觀點,也和第二章提到「找出獨占優勢」的概念相近。

另外,日本《四季報》會標示企業的合併海外營收占比,或區域別營收中「日本以外地區」的營收比重。如同第二章提到,如果能將先進國家的成熟做法推廣到新興市場,營收就有機會顯著成長。換句話說,市場的全球化是推動營收成長的重要動力(按:臺灣《四季報》無刊載海外營收占比)。

當企業的海外營收比重接近 50%,就要特別留意。

第五章 沒時間研究？選股有訣竅

因為超過 50％ 時，通常是從國內型轉向全球型的關鍵時刻。因此，今後的成長也值得期待，而這種市場預期會帶動投資熱度，進而推升股價。

在 B 區塊中，刊載了《四季報》編輯部記者撰寫的評論。正式名稱為「業績預測與題材消息欄」（見圖表 5-2）。這個區塊有兩個標題，第一個是「本期預測」，

圖表 5-2 B 區塊刊載了對企業的評論

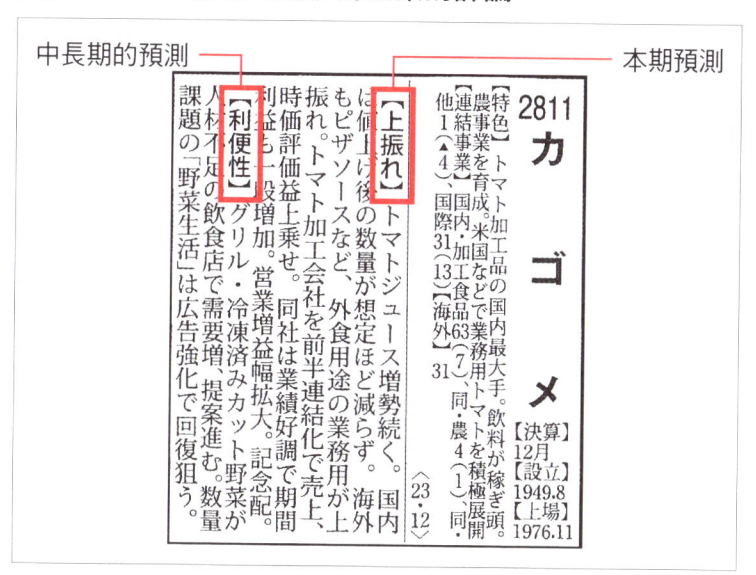

一眼就能看出短期至中長期的預測。
資料來源：《公司四季報》2024 年夏季號。

著重於短期的業績預估;第二個是「中長期預測」,涵蓋企業在中長期的發展方向。

　　對於這些評論,不妨靠直覺評估。例如,若出現「業務繁忙」這類關鍵詞,有人可能會正面解讀為「生意太好、工作滿檔」,但也可能負面解讀成「公司忙到極限,沒餘力再成長」。

　　右頁圖表 5-3 總結了常見的評論,是根據過去刊登在《四季報》上的評論內容,重新整理而成,僅供參考(按:臺灣《四季報》也有股票評論欄,但並非每一檔個股都有評論。評論通常分為二至三段,也羅列兩個標題。第一個標題通常說明個股目前地位與至今的發展情況;第二個標題是當季營運狀況說明或未來計畫與預估。最後也會附上操作建議)。

是否為家族企業、創辦人主導企業

　　另外,留意 D 區塊,就會了解該企業的經營體制。這是我在尋找 10 倍股時,會查看的重點。在這裡最值得關注的,是**該公司是否為家族企業、創辦人主導企業**。這是指創辦人本人或其家族掌握經營實權的企業。

　　可從《四季報》中的「董事成員」欄判斷,看記載

第五章　沒時間研究？選股有訣竅

圖表 5-3 《四季報》上常見的評論內容

負面形象		中立	正面形象			
營收與獲利雙跌 長期停滯 急速惡化 急速下跌 前景不明朗 大幅虧損 連續虧損 持續下跌 急速回跌 零成長 獲利大幅下滑	獲利略減 獲利減少 下跌 獲利小幅減少 疲軟 回跌	觸底停滯 成長趨緩 持平 觸底反彈 停滯 止跌	維持高水準 情況好轉 獲利成長 獲利微幅成長 狀況良好 恢復水準 穩健成長 獲利小幅成長	表現極佳 飛躍成長 持續成長 連續獲利成長 急速擴張 迅速回升 利潤續創新高 利潤創新高 急速成長 利潤大幅成長 V型反彈 急速反彈	以獲利為目標	與過去業績比較
持續無股利 無股利 可能無股利？ 減少股利 可能減少股利？	可能無股利 可能減少股利		紀念日發股利 可能恢復股利 股利可能增加	股利連續增加 股利增加 股利增加 恢復配息？	以股利為目標	
營收大幅減少 向下修正 營收減少 不如預期 虧損擴大	獲利增幅縮小 轉盈為虧		轉虧為盈 虧損幅度縮小	推測獲利調升 獲利增幅擴大 表現優於預期 上修 營收增加 營收大幅增加	以獲利為目標	《四季報》與上一期比較

資料來源：複眼經濟塾。

169

差不多開始投資了

在上面的前兩個（通常是董事長或總經理）名字，是否也出現在「股東」欄的主要股東名單中（見圖表 5-4）。例如，吉村食品控股的代表董事兼執行長吉村元久，同時也是最大股東。

圖表 5-4　是否為家族企業、創辦人主導企業

```
【株主】㊗4,067名〈24.2〉    万株
吉 村 元 久      692(28.9)
日本カストディ信託口  218( 9.1)
㈱ M Y           190( 7.9)
日本マスター信託口  142( 5.9)
国分グループ本社  118( 4.9)
山 口 貴 弘      108( 4.5)
ゴールドマン・サックス・インタ
  ーナショナル     80( 3.3)
BNY・GCMクライアントJ
  PRDISGFEAC  76( 3.2)
J   T            55( 2.3)
ノムラノミニーズ・オムニバスマー
  ジンキャッシュPB  46( 1.9)
〈外国〉14.4% 〈浮動株〉9.4%
〈投信〉15.7% 〈特定株〉73.4%
【役員】(代取)吉村元久 ㊗安東
 俊 河野彰馳 高田紫行* 大
竹博幸* (常勤)吉田武士* (監)
池田淳* 雷蕾*
【連結】楽陽食品，ヨシムラ
・フード，マルキチ，ワイエ
スフーズ
```

家族企業、創辦人主導企業中，創辦總經理或創業家族往往展現出強而有力的領導力。
資料來源：《公司四季報》2024 年夏季號。

根據複眼經濟塾的調查，**以往成為 10 倍股的股票當中，有 70％至 80％是家族企業、創辦人主導企業**。雖然這類企業也有陷入獨裁經營的風險，但也有很大的優點，那就是決策速度快。

　　假如是剛上市的企業，創辦人的持股比例往往超過 50％。這類公司中，當事業上軌道時，創辦人可透過由上而下的快速決策，比其他對手搶先攻占市場。

　　附帶一提，有時創辦人的資產管理公司是最大股東，因此總經理或董事長的名字與主要股東的名字不一致，值得留意。

第五章　沒時間研究？選股有訣竅

3 成為價值股的三大標準

企業財務是否健全，是評估個股的關鍵指標之一——即使過去沒有投資經驗，想必投資人也理解「健全性」有多麼重要。

以下以一般家庭為例來說明。假設有一個人年收入很高、住在寬敞氣派的房子裡，總資產達 3 億日圓。但如果他背負了 2 億 5,000 萬日圓的房貸，那這樣的經濟狀況恐怕稱不上「健全」。

企業也一樣，即使《四季報》上提到的特色與優勢再怎麼吸引人，若財務狀況不夠健全，仍不適合作為投資標的。

因此，首先要看的就是企業的「股東權益比率」（股東權益 ÷ 總資產）。日本的《四季報》中，股東權益比率會刊登在第 164 頁圖表 5-1 中 E 區塊的「財務」欄（按：臺灣讀者可參考第 177、178 頁投資小知識）。

作為財務健全度的參考基準，**股東權益比率最好達到 30％ 以上**。我認為 30％ 至 70％ 是合理的範圍，並再

依照以下方式進一步評估：

- 70％以上：非常健全。
- 50％以上未滿 70％：健全。
- 30％以上未滿 50％：普通。
- 未滿 30％：不健全。

股價淨值比 0.8 倍以下為基準

接著說明「股價淨值比」（Price-to-Book Ratio，簡稱 PBR，指企業股價是其每股淨值〔Book Value Per Share，簡稱 BPS〕的幾倍），日本《四季報》上每股淨值的位置見第 176 頁圖表 5-5。

（按：臺灣《四季報》中，每股淨值標註於右下方。每股淨值指每股股票所含的資產淨值〔股東權益〕，計算方式為〔資產－負債〕÷ 在外流通股數。）

繼股東權益比率之後觀察 PBR，是有原因的。因為 **PBR 能衡量一間公司的股價，是否相對於其帳面價值（淨值）來得便宜**。換句話說，它可用來判斷這家公司是否屬於「價值股」。

我在前面也提過「價值股」，在此複習一下。價值

第五章 沒時間研究？選股有訣竅

股又稱為「低估股」，指相對於企業的獲利能力或帳面價值，股價處於偏低的狀態。雖然「價值」的定義會因觀點不同而有差異，但本書指的是以股東權益為基準、股價被低估的標的。附帶一提，與價值股的概念相反的是「成長股」。

我認為須**符合以下三點條件，才能稱為價值股**：

- 股東權益比率在 70％ 以上。
- 股價淨值比（PBR）低於 0.8 倍。
- 具備有望帶動股價上漲的「催化劑」。

關於第三點的催化劑，我會在第 209 頁介紹。

接下來，我們來看看 PBR。這項指標是根據企業的資產結構與財務狀況計算得來，用來衡量股價是否合理。PBR 如果低於 0.8 倍，意思是相對於每股淨值，股價的水準在 0.8 倍以下。

淨值就是股東權益。透過 PBR，可知道股價相對於淨值處於什麼樣的水準。

以企業解散時為例來思考，假如 PBR 為 1 倍，將淨值分配給股東的話，理論上可以拿回與投資金額相等的

資產。

那麼，PBR 低於 1 倍代表什麼？簡單來說，若企業此時解散，理論上股東拿回的資產，會高於原本的投資金額。也就是說，股價被低估。PBR 能夠透過以下算式求出：

股價淨值比（倍）＝股價 ÷ 每股淨值（BPS）

圖表 5-5　日本《四季報》中的每股淨值

【配当】	配当金(円)
20. 8	0
21. 8	0
22. 8	25
23. 8	5
24. 8予	10
25. 8予	10
予想配当利回り	1.87%
1株純資産(円)<単24. 2>	
613.5 (693.0)	

每股淨值記載在 K 區塊的下方。
資料來源：《公司四季報》2024 年夏季號。

> 投資小知識

如何查詢股價淨值比與股東權益比率

以「台灣股市資訊網」為例，在首頁輸入想查詢的個股代碼後，便能看到股價淨值比（PBR）。接著在左方欄位點選「財務比率表」，並在頁面下方找到「負債＆股東權益佔總資產」，便能看到「股東權益總額（％）」（也就是股東權益比率）。

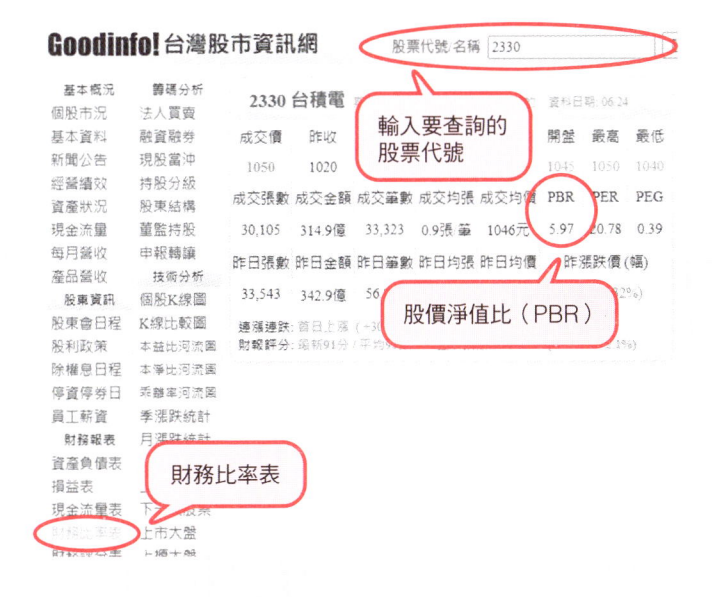

負債&股東權益佔總資產	2025Q1	2024Q4
應付帳款 (%)		9.05
流動負債 (%)	19.62	18.9
長期負債 (%)	13.84	14.32
其他負債 (%)	1.57	1.68
負債總額 (%)		35.39
普通股股本 (%)		3.88
股東權益總額 (%) 股東權益總額／資產總額 x 100%	64.51	64.61

（標註：負債＆股東權益佔總資產）
（標註：股東權益總額（％）（也就是股東權益比率））

資料來源：台灣股市資訊網。

4 從現金流判斷經營狀態

這個比喻可能有點沉重：你認為，「對人類而言的死亡」是什麼樣的狀態？從生物學的角度來看，死亡是指心臟停止跳動、呼吸中止，以及大腦功能完全停止的狀態。

那麼，對企業而言，「死亡」又是什麼樣的狀態？那就是資金周轉不順利，無法再進行金流往來，最終走向破產。在第一章中，我提到金錢常被比喻為「經濟的血液」。就像人類心臟停止、血液無法循環就會死亡一樣，要是企業金流停滯，就會面臨破產。

從這個意義上來說，我把《四季報》E區塊的「現金流量」欄視為「生命維持器」（按：關於查詢現金流量，臺灣讀者可參考第131頁投資小知識）。

現金流量常簡稱為現金流，用來描述企業資金的收支狀況，也可說是「資金流入和流出」。為什麼必須了解現金流？原因有以下兩點：

- 可判斷企業**是否具備持續經營的能力**。
- 有時,企業的獲利表現與實際的現金流不一致。

為了明白這兩點,就要先了解兩種現金流:營業現金流、投資現金流。我以經營大阪燒店為例,說明這兩者的差異:

1. 營業現金流

指與本業相關的現金進出狀況。

當店家賣出大阪燒,現金就會流入店裡;當店家向供應商支付原料費時,現金則會流出。這些進出金額的差額,就是營業現金流。

當然,此數字最好是正值,若想提高,關鍵在於加快銷售收入的現金回收,並降低支出成本。

然而,就算賣出 1 萬日圓的大阪燒,如果過度講究原料,導致成本花了 2 萬日圓,於是營業現金流變成負數,這樣一來,店家似乎無法經營下去⋯⋯想不到,其實還是有辦法讓店家繼續營運。至於這個方法,我稍後再說。

2. 投資現金流

指企業在投資活動中資金的流入與流出。

購買鐵板、冰箱，或店內各種用品，都屬於投資支出。當企業將資金投入這些設備時，投資現金流會呈現負值；相反的，假如賣掉設備或工廠，投資現金流就會變成正數。兩者的差額就是投資現金流。

企業為了不斷成長，就須不斷投資。因此，投資現金流通常呈現負值。

營業現金流加上投資現金流後，就稱為「自由現金流」。雖然《四季報》中不會標示這項數據，卻非常重要。自由現金流是指，從營業現金流中扣除必要的投資支出後，留下的可動用資金，由於使用上極具彈性，因此被稱為「自由現金」。這筆資金可靈活運用於戰略布局，是企業手中的珍寶，因此，**投資人應留意它是否為正數**。

另外，我在前面提到，「營業現金流變成負數，店家還是有辦法繼續經營」，這個方法就是「融資現金流」，這是指現金「籌措」（流入）和「償還」（流出）的過程。向銀行借款、發行股票到籌措資金，這些讓現

金流入的行為,會讓融資現金流變成正數;如果是償還借款、將錢還給銀行等行為,現金會流出,融資現金流則會變成負數。

如果營業現金流為負數的情況下,投資現金流也是負數,代表手頭上不僅沒有現金,還背負債務。而從銀行借款等方式取得的融資現金流,便填補這種狀況。不過,債務終究應償還,所以融資現金流呈現負值最理想。

各種現金流的組合五花八門,但一般來說,理想的現金流組合是:**營業現金流是正數、投資現金流是負數、自由現金流是正數、融資現金流是負數**(見右頁圖表 5-6)。

從現金流察覺到經營狀態

世上存在一些質性分析和健全性良好,但持續性不佳的企業。假如財務健全,企業可出售設備、工廠等資產來維持營運。然而,也有一些情況並非如此。

有一個概念叫做「黑字倒閉」。對於不熟悉股票投資或企業經營的人來說,「黑字」和「倒閉」這兩個看似相反的詞彙組合在一起,或許會讓人感到奇怪。

這種情況在新興不動產企業中很常見:雖然從營收

圖表 5-6　現金流一覽表

	哪種現金流	意義	正值的情況	負值的情況
①	營業現金流	本業的收入和支出	○ 有本業收入	沒有本業的現金收入
②	投資現金流	投資活動的投資和回收	投資回收期	○ 投資期
①+②	自由現金流	能自由使用的金錢（營業現金流＋投資現金流）	○ 有能自由使用的現金	× 現金不足需要周轉
③	融資現金流	資金的周轉和償還	周轉資金	○ 償還資金

理想狀況是：營業現金流和自由現金流為正值、投資現金流和融資現金流為負值。

或獲利上看起來很健全，但若**營業現金流為負數、融資現金流為正數，就須特別留意**。雖然業務仍在持續，卻只靠銀行的借款來經營，一旦銀行停止融資，企業就會破產。這就像對失血過多的人持續輸血，也就是在輸血期間還活著，但停止輸血的瞬間就會死亡。

如果用企業以外的例子比喻，大概是這樣的情況：即使透過貸款買了非常豪華的房子，但如果本業經營不順、失去收入，最終仍得賣掉房子；又或借錢後，每天

晚上外出喝酒,還大方請後輩吃飯,打算等領到獎金時再一次還清,結果獎金為零,導致無法償還債務、資金周轉困難。

為了準確洞察這種狀態,也要查看現金流。

5 知名度 ≠ 企業規模

　　可果美（KAGOME）、PIETRO 以及和弘食品，皆為食品業的上市公司。你知道這 3 家公司各自的規模，是高於還是低於食品業的平均嗎？「常在電視上看到可果美的廣告，感覺應該規模不小。」、「PIETRO 的沙拉醬很有名。」你或許會產生這些想法，並對可果美和 PIETRO 產生親近感。

　　但說到和弘食品就不一定了。這家公司主要生產業務用的拉麵湯底、沾麵醬汁等產品，因此對一般消費者來說，可能相對比較陌生。

　　而掌握企業的規模感，對於投資來說非常重要。對此，日本《四季報》開頭的「產業別：業績預估」便派上用場，上面記載各產業類別中，上市企業的業績彙總表（按：臺灣讀者可參考第 187 頁投資小知識）。

　　以 2024 年夏季號《四季報》的食品類來看，共有 118 家上市公司，總營收為 31 兆 8,364 億日圓，總營業利益為 2 兆 5,389 億日圓。另外，若將製造業中各產業

依照營收高低排列,就會發現食品業僅次於運輸機器、電子機器、化學產業,是製造業中第四大的產業。

以這些數字計算產業的平均營收、營業利益與營業利益率,即可知道業界內各企業的規模是大還是小。以下以食品類為例:

・平均營收:31 兆 8,364 億日圓 ÷118 家公司 = 2,698 億日圓。
・平均營業利益:2 兆 5,389 億日圓 ÷118 家公司 ≒ 215 億日圓。
・平均營業利益率:2 兆 5,389 億日圓 ÷31 兆 8,364 億日圓 ×100% ≒ 8%。

附帶一提,前面提到的可果美、PIETRO 與和弘食品,在該期的預測中,平均營收、營業利益與營業利益率如右頁圖表 5-7。

這樣一看就會發現,**可果美像是大企業,營收卻只稍微高於上市食品企業的平均金額。PIETRO 與和弘食品的規模則非常小,也就是中小企業。**

圖表 5-7　三家企業比一比

	可果美	PIETRO	和弘食品
營收	2,960 億日圓	109 億日圓	173 億日圓
營業利益	320 億日圓	4 億日圓	18 億 3,000 萬日圓
營業利益率	10.8%	3.7%	10.6%

投資小知識

如何查詢各產業營收、營業利益

以「公開資訊觀測站」為例，從首頁上方的「彙總報表」中，找到「財務報表」，再點選下方的「各產業 EPS 統計資訊」。

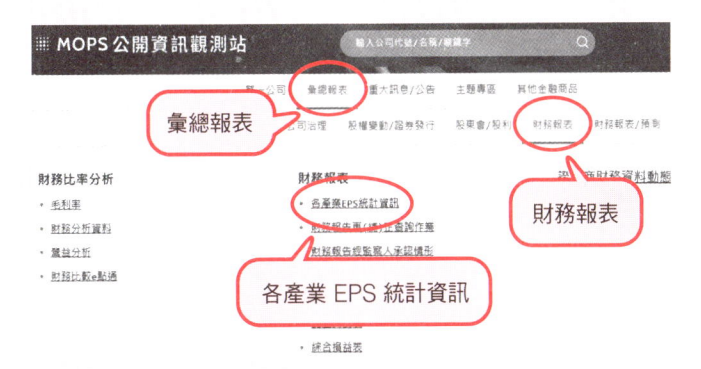

點擊後，分別填入「市場別」、「產業別」、「年度」與「季別」，接著按「查詢」。

查詢條件

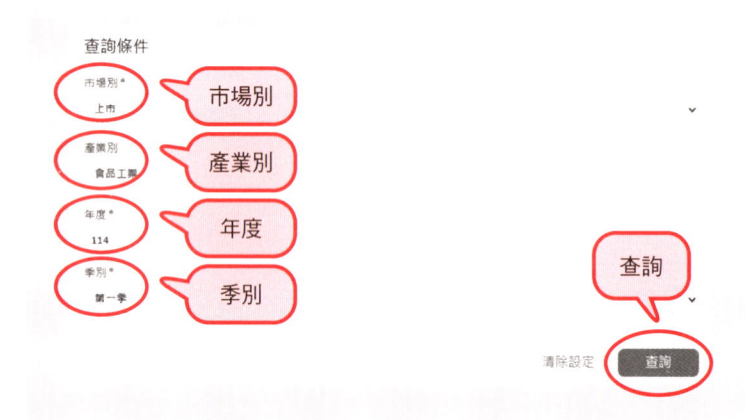

市場別＊：上市 → **市場別**
產業別：食品工業 → **產業別**
年度＊：114 → **年度**
季別＊：第一季 → **季別**

清除設定　**查詢**

　　進入頁面後，便會看到同產業企業的營收、營業利益等資料。讀者可根據此資料，加總計算相同產業的企業其平均營收、營業利益與營業利益率。

公司代號	公司名稱	產業別	基本每股盈餘(元)	普通股每股面額	營業收入	營業利益	業外收入及支出	稅後淨利
1215	台灣卜蜂企業股份有限公司	食品工業	2.38	新台幣 10.0000元	6,697,082	923,372	-21,452	700,152
	基本每股盈餘2至3元	加權平均數	2.38		計1家			
1232	大統益股份有限公司	食品工業	1.93	新台幣 10.0000元	5,397,170	398,574	5,576	323,458
1210	大成長城企業股份有限公司	食品工業	1.05	新台幣 10.0000元	25,466,623	1,346,391	-59,706	1,036,765
	基本每股盈餘1至2元	加權平均數	1.20		計2家			
1216	統一企業股份有限公司	食品工業	0.91	新台幣 10.0000元	169,265,026	10,007,127	1,313,457	8,242,394
1256	鮮活控股股份有限公司	食品工業	0.72	新台幣 10.0000元	735,248	31,082	5,514	24,534
1234	黑松股份有限公司	食品工業	0.61	新台幣 10.0000元	2,229,769	11,874	285,896	247,092
1203	味王股份有限公司	食品工業	0.58	新台幣 10.0000元	1,543,194	315,802	17,794	240,747

資料來源：公開資訊觀測站。

6 有無成長性，看兩數字就夠

　　掌握了各產業的營收規模後，接下來就要看個別企業的營收表現。有些人可能對「數字」感到恐懼。不過，其實**只要觀察營業收入（營收）和營業利益就好**。請看 J 區塊（見下頁圖表 5-8）。

　　從左邊開始，依序是營業收入、營業利益、稅前利益與稅後淨利。這些數字取自損益表的一部分，它們各自的差異已在第三章說明（按：臺灣讀者除了參考《四季報》，也可在「台灣股市資訊網」查詢損益表，見第 131 頁投資小知識）。

　　了解這些概念，能幫助你未來的投資生活，但若想了解企業的成長性和獲利能力，只看營收和營業利益就足夠。

　　現在來溫習第三章的內容。營收是指販售商品時收到的金錢。再扣掉原材料費等成本之後，就會得到營業毛利。接著扣掉營業費用（廣告費等），就會變成營業利益。

圖表 5-8　日本《四季報》的 J 區塊

【業績】(百万円)	売上高	営業利益	税前利益	純利益	1株益(円)	1株配(円)
◇21.12	189,652	14,010	13,880	9,763	109.4	37
◇22.12	205,618	12,757	12,557	9,116	105.1	38
◇23.12	224,730	17,472	16,489	10,432	121.2	41
◇24.12予	296,000	32,000	31,500	21,000	243.8	52記
◇25.12予	310,000	29,000	28,500	19,000	220.6	42~52
◇23.1~6	105,323	8,911	8,679	5,189	60.3	0
◇24.1~6予	140,000	18,000	17,800	12,000	139.3	0
◇23.1~3	48,009	3,415	3,378	2,033	23.6	
◇24.1~3	67,378	15,134	14,379	11,773	136.7	
会24.12予	296,000	32,000	‥	21,000	(24.4.26発表)	

可從營收了解企業的成長性、從營業利益了解其獲利能力。
資料來源：《公司四季報》2024 年夏季號。

基本上，生意發展到這個階段，即構成一個完整的商業模式。所以，只須注意營收和營業利益即可。

我在此進一步具體說明，如何觀察營收和營業利益，就是留意「上期」、「本期預估」和「下期預估」（按：臺灣《四季報》上的營業收入和營業利益，僅收錄本季和前一年度數據；部分個股包含過去數據，以及當年度的預估營收。「台灣股市資訊網」也可查到過去數據。另外，部分企業會提供未來營收、營業利益等預估數字，查詢方式見第 193 頁投資小知識）。透過以下兩個角度，能迅速掌握企業的當下與未來的能力：

1. 縱向觀察：了解成長性

首先，從上而下，縱向觀察營收。營收的增長幅度稱為「營收成長率」，是衡量企業成長性的核心指標。可透過以下算式求出：

> 本期營收成長率（％）＝
> 〔（本期預估營收 ÷ 上期營收）－1〕×100％

> 下期營收成長率（％）＝
> 〔（下期預估營收 ÷ 本期預估營收）－1〕×100％

以第 193 頁圖表 5-9 的可果美為例，其本期營收成長率就是（2,960 億日圓 ÷2,247 億日圓－1）×100％ ≒ 31.7％，下期營收成長率則是（3,100 億日圓 ÷2,960 億日圓－1）×100％ ≒ 4.7％。

從營收成長率來評估成長性時，**若達 20％ 以上，可視為最理想的條件**。

我會將營收成長率像這樣區分：20％ 以上為◎、10％ 以上但是未滿 20％ 為○、0％ 以上但是未滿 10％ 為△、負數為 ×（不過，數值的判斷標準可能依行業而

異。按：關於台股各類股的營收成長率，可參考玩股網的資訊：https://www.moneydj.com/z/zb/zbp/zbp.djhtm）。

2. 橫向觀察：了解獲利能力

接著，橫向比較營收和營業利益，能看出企業的獲利能力，也就是得出營業利益率。換言之，就是「留存利益的能力」。若這項能力越強，便意味著企業的「優良性」越高。可透過以下算式求出：

> 本期營業利益率（％）＝
> （本期預估營業利益 ÷ 本期預估營收）×100％

> 下期營業利益率（％）＝
> （下期預估營業利益 ÷ 下期預估營收）×100％

再次以圖表 5-9 的可果美為例：

本期營業利益率是（320 億日圓 ÷2,960 億日圓）×100％ ≒ 10.8％，而下期營業利益率是（290 億日圓 ÷3,100 億日圓）×100％ ≒ 9.3％。

以日本股票為例，根據第 186 頁的計算結果，食品

業的平均營業利益率為8％。假如投資人選擇的個股是食品業,只要跟這個平均數比較就好。

圖表 5-9　可果美的營業收入和營業利益

【業績】(百萬円)	売上高	營業利益
◇21.12	189,652	14,010
◇22.12	205,618	12,757
上期 ◇23.12	224,730	17,472
本期 ◇24.12予	296,000	32,000
下期 ◇25.12予	310,000	29,000

成長性:營收成長率

獲利能力:營業利益率

只要縱向與橫向觀察,就能了解企業的成長性和獲利能力。
資料來源:《公司四季報》2024年夏季號。

投資小知識

如何查詢財務預測書

部分上市櫃公司會自願性的提供未來營收、營業利益等預估數字,以「公開資訊觀測站」為例,從首頁上方的「單一公司」中,找到「電子

文件下載」,再點選下方的「財務預測書」。

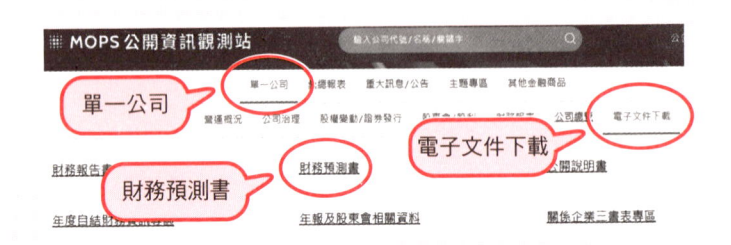

點擊後,分別填入「公司代號或簡稱」與「年度」,接著按「查詢」,便會看到財務預測相關資訊(並非所有企業都會提供)。

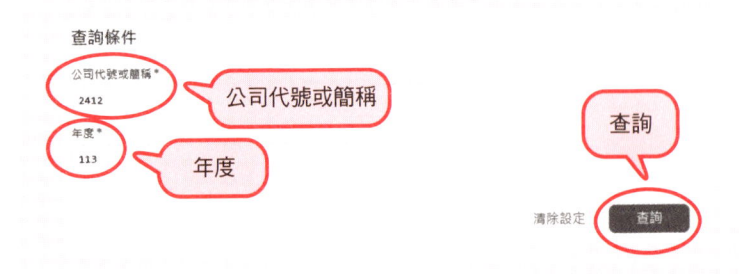

資料來源:公開資訊觀測站。

7 發股息是短利，
不發股息可能是長贏

股票投資當中，除了藉由股價漲跌來獲利之外，還有來自企業回饋股東的收益，也就是股利（配息＝現金股利；配股＝股票股利）。那麼，股利是從哪裡冒出來的？正是從營收扣除所有成本後，剩下的稅後淨利。

不過，並非所有上市公司都會發放股利，「不發股利」也是一種選擇。雖然股利來自於稅後淨利，但企業可將其作為股利發放給股東，或選擇不發放，轉為保留盈餘，以幫助未來投資。

有一個指標叫做配息率（股息發放率），用來衡量企業將多少比例的稅後淨利，作為股利發放給股東。假如將稅後淨利的一半用於發放股利，配息率就是 50％。

乍看之下，發放股利似乎是對股東最有利的回饋方式，但事實未必如此。有時候**企業不發股利，反而能在未來為股東創造更大的價值**。

或許有人會懷疑：「明明沒發股利，為什麼反而對

股東有利？」這其實與企業的成長有關。

企業發放股利時，意味著企業的資金流向外部。換句話說，與其讓資金向外流出，不如作為保留盈餘用於本業，推動企業成長，以帶動業績擴大、股價上漲，從長期來看更有利於股東。因此，處於成長階段的中小型成長股，往往選擇不發股利，資金全數保留。

股東大會上，有的企業會如此說明：「我們公司即將進入成長階段，將優先考量保留盈餘。」簡而言之，這是在向投資人表達：**「我們希望將更多資金投入本業以加速成長，所以目前無法發放股利。但若能藉此促使企業壯大，最終受益的仍是股東。」**

無論是發放股利或保留盈餘，企業的出發點都是為了提升股東價值。

此外，當企業處於虧損狀態時，通常無法發放股利。市場上有人主張「有錢就該發股利」，但這樣的觀點多是針對股東權益充裕的企業而言。然而，有的投資人會在領取股利後即賣出持股，而我個人不喜歡這種作風。

即使某年的稅後淨利表現不佳，若企業過去有盈餘累積，仍可動用保留盈餘來發放股利。除了發放股利，有的企業會選擇買回自家股票，而被回購的股票就稱為

「庫藏股」。透過回購，市場流通股數減少，每股盈餘（Earnings Per Share，簡稱 EPS，指公司稅後淨利除以流通在外的普通股股數）因此提高，有助於推升股價。

除此之外，還有一個指標叫做現金殖利率，表示當前股價可提供多少比例的現金股利，以下是計算公式：

> 年殖利率（％）＝年度現金股利 ÷ 股價 ×100％

在日本，殖利率的平均值每天都會刊登在《日經新聞》的市場數據版中。截至 2024 年 8 月 19 日，東證 Prime 市場的平均殖利率為 2.45％。

相比之下，大型金融機構（三菱 UFJ 銀行、三井住友銀行、瑞穗銀行）一年期定期存款利率在 0.025％ 到 0.125％ 之間。由此可知，股票的殖利率比定期存款利率高出約 50 到 100 倍（按：根據臺灣證券交易所統計，2025 年第一季的台股平均殖利率約 3.2％）。

第五章　沒時間研究？選股有訣竅

8 K線圖：掌握股價的動態

　　你知道什麼是「線圖」（走勢圖）嗎？談到股票投資，尤其是短期操作時，許多人腦海中會浮現「整天盯著線圖」的畫面（按：K線是線圖的基本單位，而線圖是由很多K線組成的股價走勢圖）。

　　簡單來說，線圖就是用來觀察股價變動的圖表。它深奧到可單獨出一本書來詳細說明，且極其依賴經驗和直覺。

　　我曾聽說有位投資人，每天會親手繪製200檔股票的線圖，並堅持50年，簡直是投資界的仙人。

　　在此，我整理出關於線圖必須掌握的三個重點。本節會說明如何透過《四季報》中的線圖，掌握股價的大致走勢與方向。

　　實際進行買賣時，投資人通常會參考時間範圍更短的線圖，但在此先聚焦於如何透過線圖識別重大轉折點。三個重點如下：

差不多開始投資了

1. 近期的 K 線圖中,是白色(陽線)較多,還是黑色(陰線)較多?

線圖主要由三個要素構成:**K 線(蠟燭線)、移動平均線,與成交量柱狀圖**(按:臺灣《四季報》上刊載的 K 線圖,為出刊當月某日的個股週 K 線圖,K 線圖下方會刊載成交量的長條圖)。

K 線是用來呈現股價變化的圖表,由一根粗棒上下延伸出細線構成,因為模樣類似蠟燭,所以也稱為「蠟燭線」(見右頁圖表 5-10)。

如果每根 K 線代表一個月的股價變化,便稱為「月線」;若以每日為單位,稱為「日線」;若以每週為單位,則稱為「週線」。日本《四季報》刊載的月線圖,共涵蓋 41 個月的股價走勢,約為三年多的期間。

接下來說明線圖的檢查重點。觀察的關鍵區段,是最右側約一年的走勢。請留意這段期間的 K 線圖中,是白色(陽線)較多,還是黑色(陰線)較多。在 K 線中,如果月底的股價和月初相比是上漲,就會顯示為白色;反之,若股價下跌,則會顯示為黑色。

假如白色多,就標記為○;黑色多,就標記為 ×;若 K 線很短,無法判斷是白色或黑色,就標記為△。

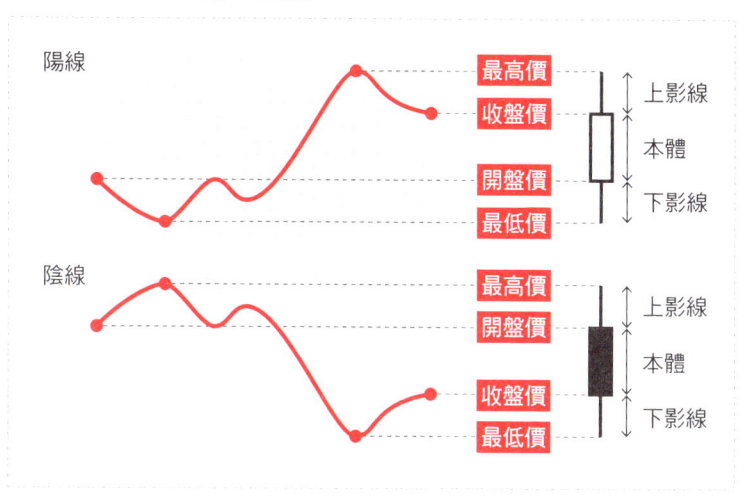

圖表 5-10　K 線的型態

內容根據 Monex 證券《第一次的技術分析》製作。

2. 移動平均線是朝上還是朝下？

　　接下來要觀察的，是移動平均線。移動平均線是將某段期間內，股價收盤價的平均值連接起來的折線圖。在日本的《四季報》中，會出現兩條移動平均線：一條是實線，代表過去 12 個月（1 年）的平均股價；另一條是虛線，代表過去 24 個月（2 年）的平均股價（按：臺灣《四季報》中，實線的移動平均線代表 13 週的平均股價；虛線代表 26 週的平均股價）。

觀察移動平均線時,只要看是向上還是向下即可。若線條上升,就標記為○;線條向下,就標記為×;不太清楚,就標記為△。

3. 最右邊的 K 線,位在移動平均線的上方還是下方?

最後,觀察最右邊的 K 線是位在移動平均線的上方還是下方。若在移動平均線上方,就標記為○;若在下方,就標記為×;若位置模糊、不易判斷,就標記為△(見右頁圖表 5-11)。

綜合以上三點,你可進一步做出以下判斷:

當以上三點全部為○,也就是白色 K 線(陽線)較多、移動平均線呈現上升趨勢、最新 K 線在移動平均線上方,可推斷股價處於上升趨勢。

特別是**白色 K 線連續出現的情況**,可視為是一波強勁的上漲趨勢。就像企業的營收達成了月目標,接下來的每個月也延續這股氣勢,持續達標,形成正向循環。

當以上三點全部為 ×,也就是黑色 K 線(陰線)較多、移動平均線呈現下滑趨勢、最新 K 線在移動平均線下方,可推斷股價處於下跌趨勢。

第五章　沒時間研究？選股有訣竅

　　同樣的，若黑色陰線連續出現，就像企業持續未達成營收目標，導致後續表現低迷。這代表股價可能陷入負面循環，短期內行情恐怕不會好轉。

　　然而，這並不代表「上升趨勢就是好事」、「下降趨勢就是壞事」。

　　假如以上三點都是〇，線圖呈現右上上升的趨勢，此時「在上漲中途買進、再於更高點賣出」的操作方式，

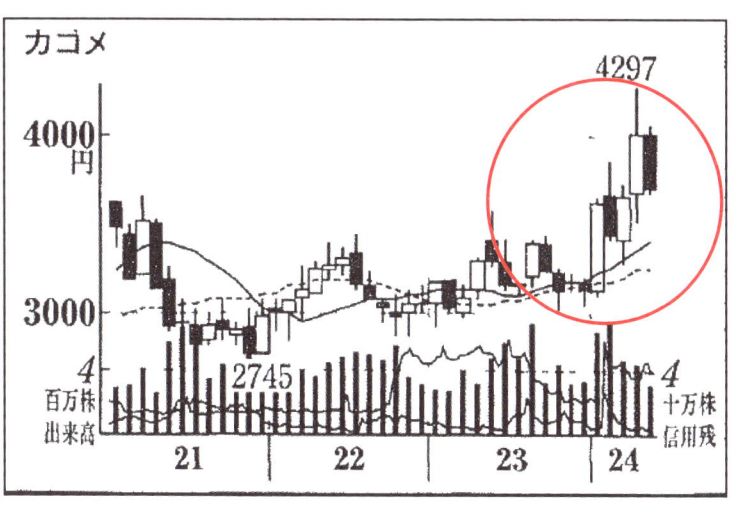

圖表 5-11　觀察 K 線和移動平均線

K 線以白色居多、移動平均線呈現上升趨勢，且 K 線位在移動平均線上方。
資料來源：《公司四季報》2024 年夏季號。

稱為「順勢操作」；相反的，假如以上三點都是 ×，線圖為右下下滑的走勢，此時「在下跌時買進，等待反彈機會」的操作方式，稱為「逆勢操作」。

這並非在比較哪一種操作方式比較好，而是應該選擇適合自己的投資風格。我再次強調：投資風格非常重要。請依據自己的投資風格與故事做出判斷。

須注意的是，**後來成為 10 倍股的股票，在股價上漲前通常是呈現右下下滑的走勢**。然而，採取逆勢操作時，買進股票後股價仍有進一步下跌的風險。

因此，**理想的情況是第一項為 ×、第二項為 ×、第三項為〇**（雖然趨勢仍在下滑，但是最新的 K 線已在移動平均線之上，代表可能會出現反轉契機，值得關注）。

線圖具有前瞻性

前面提到，《四季報》的優點之一是「具有前瞻性」。日本的《四季報》是由超過 120 位記者長年採訪上市公司，並根據這些資訊撰寫評論和業績預測，因此具備一定程度的參考價值。

不過，即使是《四季報》中記者無法介入的線圖，也具備某種程度的前瞻性。為什麼？因為每家企業內部，

有人比大眾更早掌握詳細的資訊。

這不代表他們涉及非法的內線消息。舉例來說，即使員工不一定知道自家公司具體的業績數字，但能從日常工作中，感受到經營狀況是好是壞；如果供應商發現訂單量突然減少，也會開始懷疑：「是不是公司業績變差了？」

與公司業務沒有直接關係的人，也可從日常觀察中察覺異常。

像是公司附近的居酒屋，能從員工光顧的頻率感受到該企業的景氣狀況；物流業者則可能從原料進貨或成品出貨的量，感受到工廠的運作情況；當地居民甚至可從辦公室晚上還亮著燈的時間，或煙囪冒出的煙量，判斷企業景氣是活絡還是低迷。

據說比我更早一代的證券分析師，真的會親自確認工廠卡車的進出情況，或辦公室晚上是否還亮著燈，藉此掌握企業的實際運作狀況。

就像這樣，能掌握企業動態的人，其實到處都有。對於擅長「察言觀色」的人來說，即使沒有具體的業績數字，也能透過種種跡象，大致推測出企業的景氣狀況，其中有些人甚至開始採取投資行動。正是這些微小的動

態,逐漸被反映到股價上,使得線圖呈現出某種程度的前瞻性。

9 便宜價還是昂貴價，怎麼算？

在日本《四季報》線圖的右側，也有非常重要的資訊，那就是股價估值，指透過比較股價與企業的獲利或資產，來評估該企業的價值，判斷目前的股價是被低估（便宜）還是被高估（昂貴）。

在此我會提到兩個最具代表性的指標，那就是本益比（PER）和股價淨值比（PBR）。這兩項是評估股價是否合理的最基本指標，務必要確實掌握。兩者的算式如下：

> 本益比（倍）＝股價 ÷ 每股盈餘（EPS）

> 股價淨值比（倍）＝股價 ÷ 每股淨值（BPS）

本益比和股價淨值比這兩個指標，往往容易引發常見的誤解。那就是誤以為「應該買本益比低的股票」。

為什麼？

許多人沒察覺，本益比具有兩個面向。那就是「當成比較指標的本益比」和「當成期望值的本益比」。多數投資書籍都是介紹「當成比較指標的本益比」。

從這個角度來看，就是股價相對於平均值「低估就買進」、「高估就賣出」。當然，當成參考指標來看並沒有錯。不過，反過來說，**本益比高不僅代表股價偏貴，也等於市場的期望值高**。

現在請回想前面的算式。

> **本益比（倍）＝股價 ÷ 每股盈餘（EPS）**

這道算式的主詞是本益比。只要主詞一直都是本益比，就只能看到股價是低估還是高估，無法回答「為什麼股價會上漲」。此時，討論的雖然是股價，主詞卻是本益比。所以要展開算式，將主詞改為股價。

> **股價＝本益比（倍）× 每股盈餘（EPS）**

股價淨值比也一樣，要改成：

第五章 沒時間研究？選股有訣竅

> 股價＝股價淨值比（倍）× 每股淨值（BPS）

將算式的主詞改為股價後，思維就會有所變化。

由於本益比代表期望值，所以**希望股價上漲**，只要發生以下兩種情況中的一種即可：**「本益比（期望值）上升」或「每股盈餘上升」**（當然，理想的情況是兩者都上升）。該怎麼讓本益比上升？關鍵在於前面提到的「期望值」觀念。

找出催化劑

這時，重要的是找出催化劑。這裡所指的催化劑，是引發股價變動的起因或關鍵事件。簡單來記，就是「股價上升的起因」或「推動股價上升的原動力」。沒有必要想得很難，請把這當成聯想遊戲。

因為股價＝本益比 × 每股盈餘，或股價淨值比 × 每股淨值，所以企業的獲利或資產價值上升也是催化劑；同樣的，像本益比或股價淨值比這些期望值的上升，也能成為催化劑，只要找出這些，就等於找到股價上漲的關鍵。

正如第二章提到，熱潮出現，就可推測企業的獲利

可能會因此提升。或像第三章提到的「調整體質」這個關鍵詞，若出現在《四季報》或新聞中，也可推測公司可能因此改善獲利體質。

假如通貨膨脹導致物價上漲，也可合理推論：資產的價格也會上升。當日本的大阪萬國博覽會來臨時，也可推測：與此活動相關的股票，其市場期待值（PER）會上漲。

第二章中也提過「投資腦」，只要理解後，自然就會發現催化劑。

本益成長比和股價營收比

「雖然市場期待值很高，但本益比偏低」，這種情況就是值得買進的機會。為了加以判斷，我便會參考一個指標：本益成長比（Price/Earnings to Growth Ratio，簡稱 PEG）。這是將本益比除以成長率後的結果。

假設某家公司的本益比為 20 倍，成長率為 10%（有很多種計算成長率的方式，在複眼經濟塾中，是採用本期與下期的營業利益成長率平均值。按：臺灣多參考稅後淨利成長率）。

這時的本益成長比為 20÷10 = 2，也就是 2 倍。

第五章　沒時間研究？選股有訣竅

　　本益成長比指「企業每成長1%，所對應的本益比」，因此當所有數據都以「每1%成長」作為統一標準，只要某家公司的本益成長比低於市場平均值，就可說被低估。日本的市場平均值，可從《四季報》開頭的上市企業業績彙總表中計算得出（按：關於大盤和各類股本益比，臺灣讀者可參考第213頁投資小知識；關於整體市場的稅後淨利成長率，可參考線上經濟數據平臺的免費資料）。

　　除此之外，股價營收比（Price-to-Sales Ratio，簡稱PSR）也是重要的指標。它的算法很簡單，就是**市值÷全年營收**（按：臺灣上市公司的市值與年營收〔從損益表查看〕，可透過「台灣股市資訊網」查詢。企業財報的查詢方式見第131頁投資小知識）。

　　目前日本全產業的總營收約為900兆日圓，上市企業市值總和也差不多是這個數字，因此整體市場的平均股價營收比大約為1倍。

　　假如股價營收比低於1倍，就代表非常被低估；如果在1到4倍之間，也算是便宜的水準。根據過去的經驗得知，那些能漲到10倍的股票，其股價營收比大約為4倍。

想評估本益比、本益成長比及股價營收比這三個指標，可參考以下的數值：

本益比
- 低於整體市場平均值：〇（佳）。
- 高於整體市場平均值：×（不佳）。

本益成長比
- 低於整體市場平均值：◎（非常好）。
- 高於整體市場平均值：×（不佳）。

股價營收比
- 1 倍以下：：◎（非常好）。
- 超過 1 倍，4 倍以下：〇（佳）。
- 超過 4 倍，10 倍以下：△（有點貴）。
- 超過 10 倍：×（不佳）。

透過這樣的估值標準來看，**就不會只因為本益比看起來偏高而猶豫不決**。有時從本益成長比或股價營收比來看，這家公司或許仍值得投資。

第五章 沒時間研究？選股有訣竅

> **投資小知識**

如何查詢大盤和各類股本益比

以「臺灣證券交易所」為例，從首頁上方的「交易資訊」中，找到「統計報表」，再點選下方的「上市公司月報」。

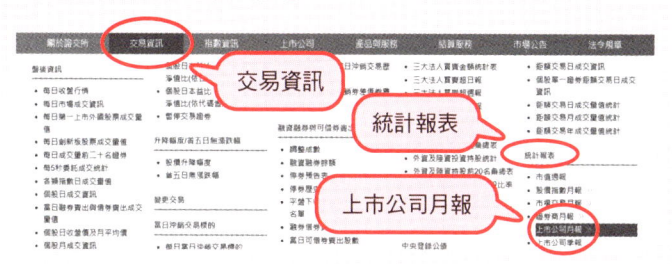

點擊進入頁面後，選擇查詢區間。接著點選「大盤、各產業類股及上市股票本益比、殖利率及股價淨值比」，便可看到大盤、各產業類股的本益比。

上市公司月報

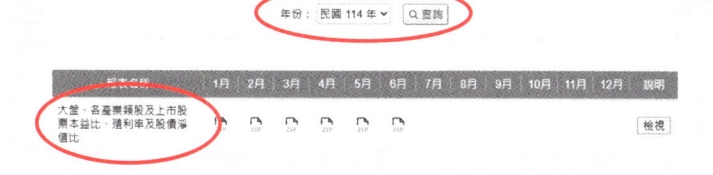

P/E RATIO AND YIELD OF LISTED STOCKS

民國114年6月 證券名稱 Stock's Code & Name	最後市價 Latest Price	本益比 (times) PER	June 2025 殖利率 (%) Yield	股價淨值比 (times) PBR
大盤		17.78	3.05	2.32
水泥工業類		16.29	4.46	0.79
食品工業類		21.19	3.81	2.37
塑膠工業類			2.18	0.61
紡織纖維類		17.93	4.47	1.05

資料來源：臺灣證券交易所。

結語
讀到這裡，你該開始投資了

　　你知道世界上最古老的企業是哪一家嗎？

　　答案是日本的建築公司金剛組，它是一家專門建造神社與佛寺的木造建築公司，創立於 578 年。當時奉聖德太子之命，從百濟受邀來日本的三大工匠之一，就是金剛組的創辦人金剛重光。該企業不使用釘子就能蓋出建築，展現出永續的工藝精神，但金剛組真正厲害之處，遠不止於此。

　　我在 2023 年親自採訪金剛組（見下頁圖表 6-1），董事長刀根健一向我展示了金剛組代代相傳的珍貴卷軸。卷軸上記載著從第一代開始，一路延續至今、從未中斷的金剛組歷史。

　　我請教董事長：「金剛組最重視什麼？」他告訴我：「留下『金剛』這個名號。」因此，金剛組歷來不拘泥於血緣，而是重視經營能力。在必要時，會收養有才能的人作為繼承人，每一代都想盡辦法思考什麼是最好的

差不多開始投資了

圖表 6-1　日經CNBC節目《複眼流投資人的見聞之旅》採訪金剛組

選擇。

然而，即使是金剛組，也在 2000 年代前期陷入經營危機。當時出手相救的是高松建設（現為高松建設集團）。高松建設深知金剛組累積千年以上的「時間」這項價值，因此決定無論如何都須伸出援手。

金錢無法買到時間──然而，這樣的觀念在歐美遭到輕視。而高松建設的決定，展現了永續性的思維。

擁有悠久歷史的企業，不僅是金剛組。位於日本山梨縣西山溫泉區的旅館「慶雲館」創業於 705 年，被金

結語 讀到這裡，你該開始投資了

氏世界紀錄認證為世界最古老的溫泉旅館；兵庫縣的城崎溫泉，也有超過 1,300 年的歷史。說到溫泉，自然會聯想到是與健康相關的產業。

另外，位於石川縣粟津溫泉區的旅館「法師」創業於 718 年，是僅次於「慶雲館」歷史悠久的溫泉旅館。據說，開鑿白山的修驗僧泰澄大師，因聽從山神「白山大權現」的神諭，而發現並挖掘出這裡的溫泉。在這個例子中，除了健康之外，信仰也是一個關鍵詞。此外，金剛組也可說是與信仰密切相關。

在日本，健康和信仰是歷史悠久企業的關鍵詞。特別是信仰，經常成為企業經營的核心理念，反映出日本文化特有的價值觀。相較之下，在歐美，信仰多半以「宗教」的形式出現，較少與企業經營結合。

與金剛組或慶雲館這類擁有上千年歷史的企業相比，歷史達 200 年、300 年左右的企業就更多了。其中不乏現代人耳熟能詳的品牌，像是武田藥品工業和永旺（AEON）。永旺的起點，就是源自一家名為「岡田屋」的商店。

日本在過去數十年來，一直遵循著歐美主導的規則。然而如今，歐美正面臨規則的大轉變，而這些即將成為

新主流的價值觀與做法,反而是日本原本就擅長的領域。以往在歐美市場中始終未能獲得應有的評價,現在終於迎來了被正面看待的時代。對日本人而言,是一件值得感到驕傲的事。

比如在葡萄酒的領域當中,年代越久遠,價格通常越高。在日本,便利商店或超市販售的葡萄酒,大都是2,000日圓、3,000日圓,但年分久遠的葡萄酒則可能高達數百萬日圓。

同樣的道理,成立於2000年代、2010年代等歷史尚淺的企業,僅靠成長性就能獲得高評價的時代將會結束。接下來,重視能持續經營數十年、甚至數百年的企業價值的時代即將到來。

從失敗中學習

目前為止我從各式各樣的角度,傳達投資的知識和觀察企業的方法。最後,我想談論關於「失敗」的主題。

人生本來就會面臨一連串的失敗,像是沒有考上理想的學校、進不了期望的公司、伴侶突然提出分手等令人心碎的大失敗,或買到瑕疵品、錯過電車之類的小失誤,也經常發生。想完全避開這些失敗、順利的活下去,

結語 讀到這裡，你該開始投資了

幾乎是不可能的事。

投資也一樣，失敗在所難免。甚至可說**從失敗中學到的，往往比成功還多**。

不過，該怎麼定義「失敗」，其實值得深思。假設原本預期股價會上漲而買入股票，結果卻下跌了，造成虧損，這樣的情況算是失敗嗎？如果你重視的是賺到錢，或許會覺得是失敗。但如果買股票的目的是為了支持自己喜歡的企業，那麼最後即使賠了錢，也未必算是失敗。

換句話說，關鍵在於「追求的價值在什麼地方」。我敢斷言，投資的世界中，不存在「適用於所有人」的失敗。光看數字就忽喜忽憂，是一種錯誤的做法，千萬不要忘記自己真正的初衷與目標。

雖然投資中不存在絕對的「失敗」，但有一件事可以確定，那就是必須時時不斷學習。股市是超越人類智慧的領域，正如第一章提到的，股市涵蓋了世間萬象。即使如此，唯有持續學習，才能從中獲得啟示，這也是股票投資有趣的地方。

要是持續暴飲暴食或缺乏運動，人就會生病──關心健康的最終目的，是保護自己的生命。而如同前言提過，許多人會說：「金錢的重要性僅次於生命。」既然

我們重視生命,那麼,難道就不需要照顧金錢嗎?就像只有自己能照料自己的身體一樣,能管理自己財務的人也只有自己。而能做到這一點的方法,就是持續學習。

話雖如此,但就算是我自認持續學習,在投資上也經常失敗(假如以金錢的損失來定義失敗的話),例如我曾有五、六次讓數千萬日圓的資產歸零的經驗。

也許因為我進入投資世界的起點,是在野村證券擔任投資顧問的關係,雖然在為客戶提供建議時,我能冷靜的思考與分析,但一輪到自己操作,反而會因為覺得「這檔股票有趣」,而買進不會推薦給客戶的標的。

話雖如此,我還是想補充一點:本書是為讀者所撰寫,因此我傳達的內容,都是經過確認的資訊。

看待世界方式改變了

前面也提到,投資的世界中,不存在「適用於所有人」的失敗,因此即使在金錢上未必獲利,這段經歷也一定會對人生產生正面的影響。簡單來說,**就是改變你看待世界方式**。

了解企業,就是了解這個社會是靠哪些工作運作。在現代社會中,無論是工作上還是私生活,難免會接觸

結語 讀到這裡，你該開始投資了

到上市企業。如果你知道交易對象是什麼樣的公司，或清楚你的伴侶或朋友在怎麼樣的企業工作，即使只是閒聊，也能讓對話內容變得更深入且廣泛。當話題變多，人脈自然也會跟著拓展。

有一部以投資為主題的漫畫《投資者 Z》，其中登場的角色松井同學，原型人物其實就是我。

松井同學是在第 99 集登場的國中生，和我一樣是《四季報》的狂熱愛好者，經常讚揚《四季報》的優點。在漫畫中，松井同學帶著主角財前孝史走上街頭，一邊觀察排水孔蓋、大樓、便利商店，一邊介紹與這些事物相關的上市企業。

就像松井同學或我一樣，只要擁有投資人的視角，光是走在街道上，看待世界的方式便會產生變化。你會開始思考：「這個招牌是由哪家企業製作？」、「原來有專門畫馬路白線的公司。」、「製造白線上方的橘色防撞柱的公司，好像也是上市企業。」這些習以為常的風景會呈現不同的樣貌，讓人生更加有趣。

另外，我相信，當投資人變多，也會對整個社會產生正面的影響──越來越多人開始以「自己的責任」來思考。當社會上出現問題時，有些人總是急著找出「誰

221

該負責」，不斷的責怪與批評。近年來，我覺得這樣的社會氛圍越來越明顯。

像是生病時，有人會責怪身邊的親友，沒提醒自己的生活方式不好，或指責醫師沒治好病，卻不願意面對「是自己的身體出了問題，想康復也得靠自身努力」這個根本事實。這種態度也常出現在政治上——有些人從不去投票，卻總是批評政治制度或政府的做法。

而投資股票是完全講求「自己負責」的世界。股市是運作公平的領域，你無法把責任推給別人。如果越來越多人開始投資，親身感受到這一點的人也會增加。這麼一來，整個社會逐漸朝向更重視「自己承擔」的風氣發展。

請試著思考：將責任推給他人、處處指責別人的環境，與一個人人願意承擔行動後果、持續努力的社會，你會更想在哪裡生活？

對於正考慮開始投資的你，我已將最重要的觀念全放進本書裡了。現在，**你差不多要開始投資了嗎？**

國家圖書館出版品預行編目（CIP）資料

差不多開始投資了：明明想開始，遲遲沒行動？28年資歷的股市達人，打破你「不懂」、「怕虧」、「沒時間」心魔，掌握便宜價，從食衣住行找飆股。／渡部清二著；李友君譯. -- 初版. -- 臺北市：任性出版有限公司，2025.09
224 面；14.8×21 公分. --（issue；094）
譯自：そろそろ投資をはじめたい。
ISBN 978-626-7505-86-1（平裝）

1.CST：股票投資　2.CST：投資分析
3.CST：個人理財

563.53　　　　　　　　　　114007824

issue 094

差不多開始投資了

明明想開始,遲遲沒行動？28年資歷的股市達人,打破你「不懂」、
「怕虧」、「沒時間」心魔,掌握便宜價,從食衣住行找飆股。

作　　　者╱渡部清二
譯　　　者╱李友君
校對編輯╱陳竑悳
副　主　編╱馬祥芬
副總編輯╱顏惠君
總　編　輯╱吳依瑋
發　行　人╱徐仲秋
會　計　部｜主辦會計╱許鳳雪、助理╱李秀娟
版　權　部｜經理╱郝麗珍、主任╱劉宗德
行銷業務部｜業務經理╱留婉茹、專員╱馬絮盈、助理╱連玉
　　　　　　行銷企劃╱黃于晴、美術設計╱林祐豐
行銷、業務與網路書店總監╱林裕安
總　經　理╱陳絜吾

出　版　者╱任性出版有限公司
營運統籌╱大是文化有限公司
　　　　　　臺北市100衡陽路7號8樓
　　　　　　編輯部電話：（02）23757911
　　　　　　購書相關諮詢請洽：（02）23757911分機122
　　　　　　24小時讀者服務傳真：（02）23756999
　　　　　　讀者服務E-mail：dscsms28@gmail.com
　　　　　　郵政劃撥帳號：19983366　　戶名：大是文化有限公司

香港發行╱豐達出版發行有限公司
　　　　　　Rich Publishing & Distribution Ltd
　　　　　　地址：香港柴灣永泰道70號柴灣工業城第2期1805室
　　　　　　Unit 1805, Ph.2, Chai Wan Ind City, 70 Wing Tai Rd, Chai Wan, Hong Kong
　　　　　　電話：21726513　　傳真：21724355　　E-mail：cary@subseasy.com.hk

封面設計╱林雯瑛
內頁排版╱吳思融
印　　　刷╱鴻霖印刷傳媒股份有限公司
出版日期╱2025年9月初版
定　　　價╱新臺幣460元（缺頁或裝訂錯誤的書，請寄回更換）
I S B N╱978-626-7505-86-1
電子書ISBN╱9786267505854（PDF）
　　　　　　9786267505847（EPUB）

SOROSORO TOSHI WO HAJIMETAI.
BY Seiji Watanabe
Copyright © Seiji Watanabe, 2024
Original Japanese edition published by Sunmark Publishing, Inc., Tokyo
All rights reserved.
Chinese (in Complex character only) translation copyright © 2025 by Willful Publishing Company
Chinese (in Complex character only) translation rights arranged with
Sunmark Publishing, Inc., Tokyo through Bardon-Chinese Media Agency, Taipei.

有著作權，侵害必究　Printed in Taiwan

※ 本書提供之方法與個股僅供參考，請讀者自行審慎評估投資風險。